HEYNE ‹

W0056036

Die Autorin

Anke Willers studierte Germanistik, Anglistik und Publizistik.
Schon während des Studiums entdeckte sie ihre Neigung zum
Schreiben und absolvierte deshalb nach dem Examen eine jour-
nalistische Ausbildung.

Anke Willers arbeitete einige Jahre für Tageszeitungen und
Magazine, bevor sie anfing, als Redakteurin für die Zeitschrift
ELTERN zu schreiben. Als Mutter zweier Kinder schöpft sie
heute im Beruf direkt aus der Quelle ihrer Alltagserfahrungen.

Anke Willers

Ich bin eine Suchmaschine

Mein Alltag mit Kindern

Die ELTERN-Kolumne

WILHELM HEYNE VERLAG MÜNCHEN

FSC
Mix
Produktgruppe aus vorbildlich
bewirtschafteten Wäldern und
anderen kontrollierten Herkünften
Zert.-Nr. SGS-COC-1940
www.fsc.org
© 1996 Forest Stewardship Council

Verlagsgruppe Random House FSC-DEU-0100
Das für dieses Buch verwendete FSC-zertifizierte Papier *Lux Cream*
liefert Stora Enso, Finnland.

Erweiterte Taschenbucherstausgabe 11/2009

Copyright © 2008 by Ariston Verlag, München, in der Verlagsgruppe
Random House GmbH
Copyright © für die einzelnen Kolumnen: ELTERN-Gruppe, Gruner
+ Jahr AG & Co. KG, München; www.eltern.de
Der Wilhelm Heyne Verlag, München, ist ein Verlag der Verlags-
gruppe Random House GmbH
Umschlaggestaltung: Hauptmann und Kompanie Werbeagentur,
München – Zürich
Umschlags- und Innenillustrationen: Susanne Saenger
Satz: EDV-Fotosatz Huber/Verlagsservice G. Pfeifer, Germering
Druck und Bindung: GGP Media GmbH, Pößneck
Printed in Germany 2009
ISBN 978-3-453-60129-1

www.heyne.de

Inhalt

Ich leite ein
kleines Familienunternehmen

Ein Job, zwei Kinder und ein Viereinhalb-Zimmer-Familienbetrieb: Das ist mein Alltag. Wie der so läuft? Schauen Sie doch mal rein!

Bestimmt kennen Sie ihn auch, diesen Werbespot, in dem eine schicke Karrierefrau auf einer Party eine blonde Geschlechtsgenossin mit süffisantem Unterton fragt: »Und was machen Sie so beruflich?« Die Befragte zögert kurz, dann sagt sie selbstbewusst: »Ich? Ich leite ein erfolgreiches kleines Familienunternehmen.« Der aufmerksame Fernsehzuschauer sieht im Bild, was das heißt: Die Dame wuppt fröhlich und scheinbar mühelos Haushalt und Kinder. Denn – und das ist die Botschaft – sie hat ja den richtigen Staubsauger.

Über den Werbespot kann man streiten. Mir gefällt vor allem der Satz mit dem Familienunternehmen. Denn nichts anderes tun mein Mann Jochen und ich nun seit viereinhalb Jahren: Wir leiten ein kleines Familienunternehmen. Ob erfolgreich, sollen andere beurteilen. Klar ist aber: Mitunter brauchen wir echte Managerqualitäten, damit der Laden läuft.

Nehmen wir zum Beispiel die Mitarbeitermotivation: Wir haben zwei Angestellte – Fräulein Clara und Fräulein Jette. Sie gehören seit 51 bzw. 16 Monaten zu unserem Unternehmen. Eigentlich sind wir mit unseren Mitarbeiterinnen sehr zufrieden. Sie sind engagiert und entwickeln sich fortwährend weiter.

Ein Kritikpunkt ist allerdings, dass unsere Mitarbeiterinnen logischen Argumenten gegenüber mitunter schwer zugänglich sind. Vor allem, wenn es um unbequeme Aufträge geht. Nehmen wir zum Beispiel die Anweisung: »Clara, zieh dich bitte an.« Und das logische Argument: »Wenn du dich nicht anziehst, musst du im Schlafanzug in den Kindergarten.« Dieses Argument zieht bei unserer älteren Mitarbeiterin überhaupt nicht. (Die jüngere Mitarbeiterin verlässt sich ohnehin darauf, dass die Chefin ihr in Kleiderfragen praktisch zur Seite steht, was ihr wegen der noch relativ kurzen Betriebszugehörigkeit verziehen sei.)

Da die Unternehmensleitung aber daran interessiert ist, dass der Laden morgens um halb acht in Gang kommt, musste sie über neue Formen der Mitarbeitermotivierung nachdenken. Im Gespräch war zunächst eine Erhöhung der täglichen Gummibärchenvergütung, die aber wieder verworfen wurde.

Seit zwei Monaten erfolgreich bewährt hat sich nun eine Umformulierung der Arbeitsanweisung. Statt: »Zieh dich bitte an«, klingt die Auftragserteilung jetzt in etwa so: »Los, wir machen Wettanziehen. Mal gucken, wer schneller ist, du oder ich ...«

Diese Strategie funktioniert bestens. Oft hat die Mitarbeiterin bereits nach fünf Minuten alles erledigt, während Chef und Chefin (natürlich) noch im Hemd dastehen. Gelegentlich fällt dem geschulten Controller-Auge auf, dass Fräulein Clara zwei verschiedene Socken anhat. Mitunter wird auch der Unterhosenwechsel unvollständig ausgeführt. Im Großen und Ganzen aber ist die Betriebsführung zufrieden. Der Mitarbeiterin selbst gefällt die neue Strategie auch sehr gut.

Neulich schlug sie sogar vor, sie auch auf andere Betriebsbereiche auszuweiten: »Mama, wir könnten doch eigentlich auch mal Wettzähneputzen machen. Mal gucken, wer dabei schneller ist, du oder ich ...«

Unnötig zu erwähnen, dass die Unternehmensleitung die Mitarbeiterin mit dem Einwand enttäuschte, bei dieser Art der

Auftragsabwicklung gebe es keine wahren Gewinner – außer vielleicht die Herren Karius und Baktus.

Neben der Mitarbeitermotivation haben mein Mann und ich in weiteren Betriebsbereichen dazulernen müssen.

Nehmen wir zum Beispiel das Zeitmanagement. Wenn man es genau nimmt, sind wir derzeit nämlich gleich in drei Betrieben tätig: Jochen 27 Wochenstunden in seinem Büro, ich 28 Stunden in meinem Büro. Und wir beide zusammen noch viele Stunden in unserem Laden zu Hause. Und da so eine Woche nur eine begrenzte Anzahl an Stunden hat, kam es immer wieder vor, dass wir abends kein Brot für die Butter hatten. Und Fräulein Jette und Fräulein Clara keine Milch für ihren Kakao. Denn weder Chef noch Chefin hatte es geschafft einzukaufen.

Vor größeren Präsentationen (wie etwa Kindergeburtstagen) stellte die Unternehmensführung oft fest, dass die bevorzugte Partykleidung von Fräulein Clara entweder schmutzig, knopflos oder unauffindbar und außerdem kein Geschenk da war.

Mitunter waren am Wochenende auch zahlreiche Überstunden mit Schrubber und Waschmaschine nötig, weil das Familienunternehmen nicht aussah, als sei es klein und erfolgreich. Sondern als sei es schlampig und schlecht geführt.

Als ersten Schritt zur Optimierung der Situation hat sich die Betriebsleitung deshalb entschlossen, bestimmte Tätigkeiten outzusourcen: Da gibt es zum Beispiel den netten Mann vom Ökokistenversand, der jede Woche einen Korb mit Grundnahrungsmitteln vor die Firmentür stellt. Oder die Mitarbeiterin Fini, die ein verwandtschaftliches Verhältnis zur Betriebsleitung pflegt und gelegentlich größere Mengen an Sockenlöchern stopft oder den altersschwachen Bezug vom Buggy modernisiert. Oder auch das Gefrierfach der Betriebskantine mit mehreren Litern handgeschnippelter Gemüsesuppe und einer ordentlichen Portion Rindsgulasch befüllt. Oder die Mitarbeiterin Beate, die stundenweise damit beschäftigt ist, aufzupassen, dass Fräulein Jette keinen Blödsinn macht.

Weiter ist die Betriebsleitung zu dem Schluss gekommen, dass das kleine Familienunternehmen auch ohne blanke Böden konkurrenzfähig ist. Dass T-Shirts mit Elasthan zeittechnisch bügelbedürftigen Baumwollblusen vorzuziehen sind. Und dass es durchaus nicht herzlos ist, wenn Geschenke für Kindergeburtstage gleich halbdutzendweise gekauft und bevorratet werden.

Zugegeben, unser Zeitmanagement wäre sicher noch optimierbar: So kam es vor kurzem zu größeren Zeitverlusten, weil sich die Betriebsführung nicht genug abgesprochen hatte: Fräulein Clara hatte im Beisein der Chefin am Morgen einen roten Anorak angezogen, in dem der Name Julia W. stand, weil der Anorak nämlich ein Erbstück von der Tochter einer Freundin ist. Nachmittags war der Chef dann mit seinen Mitarbeiterinnen auf Betriebsausflug – im Kindertheater. Nach Ende der Vorstellung sah der Chef auf dem Stuhl zwar noch einen einsamen Anorak, betrachtete ihn aber nicht als Betriebseigentum, da in der Jacke »Julia« stand. Die Jacke blieb liegen – zum Entsetzen der Chefin, die am Abend den Irrtum aufklärte. Also waren mehrfache Anrufe im Kindertheater, 20 Kilometer Fahrweg und sicher eine Stunde Zeit nötig, um das gute Stück wiederzubeschaffen. Das war betriebswirtschaftlich gesehen völlig daneben.

Apropos wirtschaftlich: Sie fragen, ob unser Unternehmen profitabel ist? Das ist eine schwierige Frage. Denn es kommt darauf an, wie man »profitabel« definiert. Zahlenmenschen würden wahrscheinlich behaupten, unser Laden werfe zu wenig ab.

Und da ist in gewisser Weise auch was dran: Die beiden Teilzeitjobs, denen wir zum Broterwerb nachgehen, sind zwar durchaus einträglich – allerdings geben wir einen nicht unerheblichen Teil gleich wieder ab. Und zwar an die freie Mitarbeiterin Beate, die, wie ja bereits erwähnt, in unserer Abwesenheit auf Fräulein Jette achtgibt. Und an die Einrichtung, die Fräulein Clara täglich zur Weiterbildung besucht.

Die Miete für unseren 100-Quadratmeter-Firmensitz ist in einer Stadt wie München eigentlich auch zu hoch. Außerdem befinden sich unsere beiden Mitarbeiterinnen ja noch im Wachstum – das bedeutet, dass sie alle paar Monate behaupten, die Schuhe drückten irgendwie. Vor allem Fräulein Clara schlägt auch mit nicht unerheblichen Mengen an Nudeln mit roter Soße zu Buche. Und kürzlich auch mit einem dreistelligen Eurobetrag für die Versiegelung ihrer Backenzähne.

Die Betriebsführung versucht die Personalkosten möglichst klein zu halten, indem sie rote Anoraks von Freunden übernimmt und Puppenwägen mit Siebziger-Jahre-Charme in Secondhandläden erwirbt. Trotzdem stellt die Betriebsführung am Ende des Monats oft fest: Das Volumen für Investitionen ist klein, sehr klein.

Nun betrachten Jochen und ich die Wirtschaftlichkeit unseres Unternehmens aber nicht nur mit den Augen eines strengen Buchhalters. Der Chef zum Beispiel empfindet es durchaus als gewinnbringend, dass er – anders als viele andere Chefs kleiner Familienunternehmen – seine Mitarbeiterinnen täglich im Wachzustand erleben kann. Und der Chefin passt es ausgesprochen gut, dass sie auch etwas für ihr berufliches Fortkommen tun kann.

Fräulein Clara und Fräulein Jette scheint es zudem zu gefallen, dass es im Unternehmen unterschiedliche Führungsstile gibt: Mit der Chefin etwa kann man gut Prinzessinnenmemory spielen. Sie verliert meist. Weil sie meint, die Prinzessinnen sähen alle gleich rosa aus. Das könne sich doch kein Mensch merken.

Den Chef hingegen zieht es stärker in die Natur: Neulich war er mit den Mitarbeiterinnen am See, Schwäne beim Wasserstart beobachten. Fräulein Clara und Fräulein Jette kamen am Abend ziemlich dreckig, aber auch ziemlich glücklich nach Hause. Für die Chefin hatten sie ein Armband aus Gänseblümchen dabei: »Haben wir dir vom See mitgebracht, weil du heute so viel arbeiten musstest ...«

In solchen Momenten bin ich immer sehr zufrieden und finde, unser Familienunternehmen läuft wie geschmiert. Und das, obwohl ich nicht mal den richtigen Staubsauger habe.

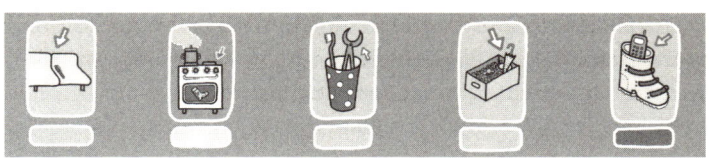

Ich bin eine Suchmaschine

Wer suchet, der findet? Schön wär's! Seit ich Kinder habe, suche ich ständig und fühle mich wie Google auf zwei Beinen. Leider lässt meine Trefferquote noch zu wünschen übrig.

Vor einiger Zeit hatte ich einen Traum, und in meinem Traum gab es wundersame Gestalten. Sie waren nicht aus Fleisch und Blut, sondern aus gestreifter Baumwolle, Birkenfurnier, unbehandeltem Sperrholz und lackiertem Metall. Sie standen Spalier – und sie sprachen zu mir: »Nimm mich – und du wirst nie wieder Claras linken Gummistiefel suchen«, hauchte Linnan, die Hängeaufbewahrung.

»Dübel mich fest – und du hast endlich über der Wickelkommode einen festen Platz für Jettes Popocreme und mindestens 22 Windeln«, flüsterte Järpen, der Regalboden.

»Mit mir wirst du fortan nie wieder das große Grauen kriegen, wenn du im vollgerumpelten Keller nach der Rohrzange fahnden musst«, raunte Gorm, die Kelleraufbewahrungskombination.

»Und wenn du mich hast«, versprach Habol, der Kasten mit Deckel, »wirst du immer wissen, wo die Geschenkbändchen sind, die du vor jedem Kindergeburtstag suchst.«

Was für ein herrlicher Traum! Doch dann wachte ich von einem dumpfen Schlag auf. Und als ich mir die Augen rieb, fiel mein Blick auf den Katalog eines großen schwedischen Möbelhauses. Er war vom Bett runter auf die Erde geplumpst; ich war wohl einfach eingenickt, als ich vor dem Einschlafen noch die Rubrik »Verstauen und Ordnen« studiert hatte.

Wieso, fragte ich mich, als ich nicht gleich wieder ins Traumland zurückfand, ist es bei uns nicht so wie auf Seite 200? Ist meine Familie hoffnungslos chaotisch? Und bin ich auf Jahre hin verdammt zum Suchen? Liegt es nur daran, dass Gorm und seine Freunde noch nicht bei uns eingezogen sind? Oder hat unsere fortschreitende Vermüllung tiefere Gründe?

Tatsache ist, dass wir in den letzten Jahren für unsere beiden Mädels einen Haufen Dinge angeschafft haben, die wir nur kurz brauchten und die danach Schrank und Keller verstopften: zum Beispiel den Badeeimer, in dem Clara schon mit sechs Monaten stecken blieb. Oder die gequiltete Krabbeldecke – schweineteuer, hübsch anzusehen, aber überflüssig (schließlich gibt's in jedem Haushalt eine Kuscheldecke). Oder den froschgrünen Toilettenaufsatz: Den fand Clara drei Tage lang gut, dann wollte sie wieder eine Windel, und danach ging sie ohne Aufsatz aufs Klo.

Tatsache ist auch: Kinder schleppen, wenn sie aus dem Krabbelalter raus sind, selber einen Haufen Zeug an – glitzernde Bonbonpapierchen und verbeulte Kronkorken zum Basteln, Luftballons ohne Luft, dafür aber mit Loch. Stöckchen vom Spaziergang am See, die von Januar bis November im Schrank liegen müssen, weil sie an St. Martin bestimmt toll als Laternenhalter sind.

Tatsache ist drittens: Kinder haben ein ganz anderes Verständnis von Ordnung und Ästhetik als ihre Eltern. Jette ist in dieser Hinsicht geradezu anarchistisch veranlagt: Mit ihren 17 Monaten ist sie ganz wild auf diese Welt und ihre Bestandteile. Das heißt: Sie nimmt, was sie kriegen kann. Und zwar auseinander. Dann beißt sie drauf rum. Und schließlich entsorgt sie alles in einem unbeobachteten Moment – Papas guter Kolbenfüller landet in der Sesselritze, Mamas Handy in der Stoppersocke. Und die Faschingsglittercreme im Besteckkasten der Spülmaschine.

Aber auch Clara versteht mit ihren viereinhalb Jahren überhaupt nicht, warum ich nicht »Hurra« rufe, wenn sie unser Sofa demontiert. Schließlich hat sie gerade die Käpt'n-Blaubär-Kassette gehört und braucht jetzt die Polster, um den Kahn im Wohnzimmer nachzubauen. Ein kreativer Akt, ja. Genauso wie die Idee, die Segel mit Hilfe unseres Fegebesens und dem Inhalt des Altpapierkastens zu rekonstruieren. Aber wer lotst das Schiff später wieder in den Hafen, wer pflückt die dreckigen Besenflusen vom Hochflor-Ozean, und wer sucht am nächsten Tag das Glitzerhaarklämmerchen, das beim Kentern zwischen die Seiten des Feuilletons von vorvorgestern gerutscht ist ...?

»Du musst das alles ein bisschen lockerer sehen«, pflegt mein Mann Jochen für gewöhnlich in solchen Momenten zu sagen. »Wer kleine Kinder hat, bei dem kann nicht alles wie geschleckt aussehen.« Aber wenn er ganz ehrlich ist, dann sehnt auch er sich immer häufiger nach klaren Formen, mehr System und ein bisschen Ästhetik.

Wäre es nicht schön, seufzen wir deshalb in immer kürzer werdenden Abständen, wenn wir die Dinge, die wir besitzen, auch benutzen könnten? Und wäre es nicht schön, wenn wir morgens einmal ohne Stress zur Arbeit kämen, weil der Regenschirm mit Ohren, die Strumpfhose mit den lachenden Drachen und alles andere, was eine Vierjährige dringend mit in den Kindergarten nehmen muss, auch wirklich da sind, wo sie hingehören? Und wäre es nicht toll, wenn wir das Geld für eine neue Energiesparlampe, einen Zeichenblock und Staubsaugerbeutel sparen könnten, weil wir noch eine Energiesparlampe, einen Zeichenblock und mindestens drei Staubsaugerbeutel haben – und uns auch erinnern können, wo? Ja, das wäre schön!

Nun sind wir vor kurzem umgezogen. Als ich die ersten Umzugskartons auffaltete, um unsere Habe darin zu verstauen, witterte ich meine Chance. Frei nach dem Motto »Was weg ist, muss ich später nicht mehr suchen« deponierte ich einen großen blauen Müllsack im Flur. Und in dem landete in den nächsten Tagen vieles: die Cohiba, die im Arbeitszimmer seit fünf Jahren auf einem Bilderrahmen vor sich hin krümelte, der Anrufbeantworter, den keiner reparierte, die eingetrockneten Crempröbchen aus Jettes »Klinik-Starter-Pack«, zugekritzelte Bilderbücher, zerkratzte Teflonpfannen, fünf der sechs Stöckchen für St. Martin.

Ich entwickelte einen richtigen Wegwerfrausch. Abends guckte mein Liebster zwar immer mit verschrecktem Blick in den Müllsack – »Hast du etwa auch ...???« – und wühlte ein bisschen herum. Dann aber kam meist das erlösende: »Hach, das hatten wir noch, das brauchen wir ja gar nicht ...« Und so füllte ich im Lauf der Umzugsvorbereitungen sicher zehn große Müllsäcke.

Das nächste Projekt war der Flohmarkt, schließlich konnten wir die funktionierende Stereoanlage nicht einfach wegwerfen (obwohl wir seit fünf Jahren eine neue haben). Auch nicht den Badeeimer und die Krabbeldecke. Um es kurz zu machen: Wir haben viel verkauft! Und wir haben nette Leute kennengelernt.

Unter dem Entrümplungsaspekt war der Flohmarkt allerdings nur bedingt ein Erfolg. Wir hatten Clara nämlich versprochen, dass sie das Geld behalten darf, wenn sie ihren Badeeimer und die Krabbeldecke verkauft. Für die Sparbüchse, dachten wir. Aber unser Kind hatte anderes vor: Es erwarb am Nachbarstand eine Babypuppe mit Prinzessinnenkleid und blinkendem Plastikdiadem. Dazu Puppengeschirr mit allerlei Zubehör. Jochen fand die Bücherleiter am Ende der Flohmarktgasse ganz toll: »Guck mal, aus den Fünfzigern ...!« Und ich? Ich packte irgendwann den Rest unserer Flohmarkthabe zusammen, malte einen Zettel: »Zu verschenken«, und stellte das Arrangement zu Hause einfach auf den Gehweg.

Zwei Stunden später war alles weg. »Vielen Dank«, hatte einer mit Bleistift auf meinen zerknitterten Zettel gekritzelt. Da fühlte ich mich dann doch noch richtig gut!

Inzwischen habe ich alle Umzugskartons wieder ausgepackt und unseren Hausstand in der neuen Wohnung verstaut. Ob ich jetzt weniger suche? Sagen wir mal so: Wir haben jetzt mehr Platz, weniger Plunder und eine bessere Grundordnung. Es gibt – das ist ein wirklich erhebendes Gefühl – drei ganz und gar leere Fächer in unseren Schränken. Und auch sonst positive Neuigkeiten, zum Beispiel den Vorsatz, Gegenstände mit geringer Halbwertszeit nur noch gebraucht zu kaufen oder zu leihen: Was nicht so viel gekostet hat, gebe ich nämlich schneller wieder weg. Auch gibt es die Abmachung, dass ich in Zukunft nicht mehr allein Käpt'n-Blaubär-Schiffe und Altpapiersegel wegräume, sondern dass der Kapitän mithilft – am liebsten immer in den 20 Minuten vorm Abstieg in die Koje.

Natürlich waren wir auch in den Möbelläden der näheren Umgebung, um nach geeigneten Ordnungshütern zu fahnden. Wir fanden einen Satz Schachteln, auf denen feengleiche Wesen herumfliegen. In deren Gegenwart – so behauptet Clara – mache das Aufräumen von Puppengeschirr doch gleich viel mehr Spaß. Wir fanden auch zwei praktische Sperrholzkommödchen mit kleinen Fächern, die man beschriften und an die Kinderzimmerwand hängen kann.

Und tatsächlich: Gestern sichtete ich im Fach für »Klämmerchen« wahrhaftig funktionstüchtigen Haarschmuck. Und im Fach für »Creme und Co.« lag ein Lippenstift – allerdings war es meiner. Und es fehlte die Kappe.

Okay, ich muss zugeben: Es gibt Rückschläge! Seit einer Woche suche ich nämlich meinen Personalausweis. Und es verdichten sich die Befürchtungen, er könnte bei meiner Gynäkologin im Altpapier liegen. Wie das? Also: Weil ich keinen Babysitter hatte, musste ich Jette mit zur Vorsorgeuntersuchung nehmen. Und weil ich länger warten musste, fing Jette an zu quengeln. Deshalb gab ich ihr meinen Geldbeutel zum Ausräumen. Als dann die Arzthelferin kam und sagte, ich sei dran, musste ich den Geldbeutel schnell wieder einräumen. Ich fürchte, dabei habe ich den Ausweis übersehen, wahrscheinlich lag er unter den Infoblättern zur Gesundheitsreform, die Jette vorher großräumig auf dem Fußboden verteilt hatte ... Der weitere Verlauf ist ungewiss.

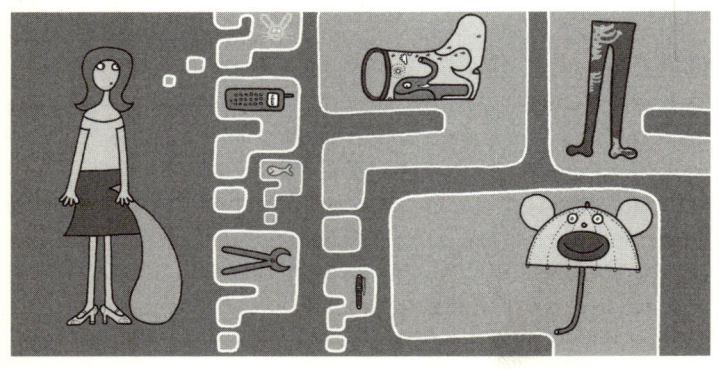

Vorsicht!
Kinder gefährden Ihre Gesundheit

Kleine Kinder sind dauernd krank.
Das Erfreuliche daran: Dauerhaftes Triefnasen-Management
macht Eltern zäh, spontan und erfinderisch.

Die gute Nachricht zuerst: Im Moment geht's mir super! Es
kribbelt weder in der Nase noch kratzt es im Hals. Ich habe
auch keine Rückenschmerzen und keine entstellenden Beulen.
Kurz: Ich bin ganz und gar gesund.

Doch warten Sie, es kommt noch besser: Auch Jochen, mein
Mann, sah vorhin blendend aus. Er pfiff vor sich hin und stieg
schwungvoll aufs Rad, um ins Büro zu fahren. Ich bin sicher:
Heute wird er genug Power haben, um seiner Marketingstrate-
gie den letzten Schliff zu geben.

Warum ich das so betone? Ganz einfach: Weil es was Beson-
deres ist. Nein, Jochen und ich gehen nicht auf die 80 zu, wir
sind auch keine Hypochonder, die in der nächsten Minute kom-
plettes Organversagen erwarten. Wir haben bloß zwei kleine
Kinder. Und das heißt: Wir leben gefährlich! Sehr gefährlich
sogar! Denn unsere Gesundheit ist Tag für Tag bedroht!

Nehmen wir zum Beispiel das enorme Unfallrisiko, dem wir
ausgesetzt sind. So riskiere ich regelmäßig eine mittelschwere
Prellung im Bauchraum: immer dann, wenn ich Jette, unsere
jüngere Tochter, auf den Wickeltisch lege und sie mit beherzten
Tritten kundtut, dass ihr das überhaupt nicht passt.

Nicht zu unterschätzen ist auch das orthopädische Risiko, das kleine Kinder für ihre Eltern bedeuten: Bei ihren ersten Gehversuchen bestand Jette darauf, dass ich ihr, wann immer sie loslaufen wollte, die Hand reichte. Doch was meiner Tochter zwei Monate lang Sicherheit gab, führte bei mir zu Kreuzschmerzen und deutlicher Schiefhaltung.

Auch wer tagtäglich in Eile versucht, zwei Kinder in einem Kleinwagen auf ihre Autositze zu hieven und sie ordnungsgemäß anzuschnallen, riskiert auf Dauer einen Bandscheibenvorfall – es sei denn, man hat Artistenblut.

Dazu kommt der Joggerkinderwagen: Er hat einen so bescheuerten Klappmechanismus, dass ich mir fast jedes Mal die Finger klemme, wenn ich ihn im Kofferraum verstauen will. So viel zu den allgemeinen Risiken und Nebenwirkungen, die die Aufzucht kleiner Kinder mit sich bringt.

Die Gesundheit von Jochen und mir wird aber noch durch etwas anderes bedroht: Wir sind umzingelt. Umzingelt von kleinen fiesen Krankheitserregern, die nur darauf warten, uns anzuspringen. Von Coxsackie-Viren und Varizellen, von Streptokokken und Staphylokokken, von Läusen, Hautausschlag-Hervorrufern aller Art und von Triefnasenbakterien.

Ja, natürlich, ich weiß: Unseren Kindern tun all diese Keime langfristig gut, denn sie helfen ihnen, ein funktionierendes Immunsystem aufzubauen. Ich weiß aber auch: Jochen und mir tut das Viren- und Bakteriengewimmel gar nicht gut. Nicht nur, weil kranke Kinder in der Nacht stündlich Trost brauchen. Sondern auch, weil sie am Tag nicht in den Kindergarten können und – logische Folge – ihre berufstätigen Eltern nicht ins Büro. Dazu kommt: Triefnasenerreger und Scharlachbakterien legen gern auch mal Mütter und Väter flach – vor allem dann, wenn diese wegen chronischen Schlafmangels und winterlicher Muffelstimmung gerade ein Immuntief haben.

Geht man davon aus, dass acht bis zwölf Infekte für ein kleines Kind normal sind, dann macht das bei zwei kleinen Kindern 16 bis 24 Infekte im Jahr. Und das heißt für Menschen wie uns: Durchschnittlich alle zwei Wochen sind wir fällig.

Immer wieder kommt es zu Szenen wie diesen: Es war kurz nach Weihnachten, unsere Freunde Susanne und Christian wollten am Abend zu Besuch kommen, und ich stand gerade in der Küche, um Schweinefilet in Balsamicosud zu köcheln. Da rief Jochen aus dem Kinderzimmer: »Du, Anke, guck mal, was hat Clara da für komische Flecken?«

Tatsächlich: Unsere Tochter hatte Flecken im Gesicht, die eindeutig nicht nach Marmelade aussahen. Rund um den Mund, aber auch an Armen und Beinen. Also begann ich hektisch, sämtliche Gesundheitsratgeber zu konsultieren. Im ersten wurde ich über die feinen Unterschiede zwischen fleckenförmigem, stippchenartigem und quaddeligem Ausschlag aufgeklärt und damit beruhigt, dass Krankheiten dieser Art nicht selten erhebliche Entwicklungsschübe für die Kinder mit sich brächten.

Im zweiten fand ich ein paar eindrucksvolle Fotos von verschiedenen Hautausschlägen; Claras Variante allerdings war nicht bildlich dokumentiert. Der dritte Ratgeber brachte mich schließlich auf die Idee, dass die Flecken am Mund meiner Tochter die Form von Schmetterlingsflügeln haben könnten – ein eindeutiges Zeichen für Ringelröteln.

Während Jochen schon dabei war, Vitamin-C-Tabletten einzuwerfen, fiel mir ein, dass Susanne tags zuvor am Telefon ein paar ominöse Andeutungen gemacht hatte: Wollte sie mir etwa mitteilen, dass sie wieder schwanger ist? Dann war mit Ringelröteln nicht zu spaßen! Gerade als ich mich daranmachte, mehr über die Ansteckungsrisiken zu erfahren, klingelte es. Unser Besuch! Ich riss die Tür auf und begrüßte meine Freundin mit dem denkwürdigen Satz: »Du darfst nur reinkommen, wenn du nicht schwanger bist!« Dabei war mein Blick wahrscheinlich so wirr, als stünde mir ein schwerer Ausbruch von Ringelröteln und Windpocken gleichzeitig bevor. Susanne schaute etwas fragend, trat dann aber nach kurzem Zögern ein.

Apropos Windpocken: Auch die haben uns vor einiger Zeit Nerven gekostet. Und zwar nicht, weil wir sie gekriegt haben, sondern weil wir sie nicht kriegen wollten.

Zuerst war da nur ein DIN-A4-Blatt: Es hing in einer Folie an der Kindergarten-Eingangstür. Wenn DIN-A4-Blätter im Kindergarten gleich an der Eingangstür hängen, fangen sie immer mit: »Wir haben ...« an – diesmal war es die Wir-haben-Windpocken-Folie. Ach, dachte ich zuerst, die hatte Clara ja schon. Doch dann fiel mir ein, dass Jette noch keine Windpocken hatte und dass ich die Kleine immer mitnehmen musste, wenn ich die Große vom Kindergarten abholte. Ein gefundenes Fressen für eine Horde Windpockenviren! Dumm war das vor allem, weil wir zehn Tage später in die Türkei fliegen wollten.

Vor meinem inneren Auge tat sich ein höchst ungemütliches Szenario auf: Die Inkubationszeit bei Windpocken beträgt zwei bis drei Wochen. Würde sich Jette anstecken (was wir bei Abflug noch nicht wissen würden), kämen die Windpocken in der Türkei: Der Urlaub wäre im Eimer, und die Fluggesellschaft würde sich weigern, unser Windpockenkind nach Hause zu fliegen. Na super!

Also entschloss ich mich zu folgender Strategie: Immer wenn ich Clara abholte, parkte ich Jette im Buggy vor der Kindergartentür, raste rein, brüllte: »Clara, ich bin da!« Raste wieder raus, um potenziellen Kidnappern zuvorzukommen, raste wieder rein, brüllte: »Clara, nun komm endlich!« Raste wieder raus.

Zwar trug ich mit meinem merkwürdigen Treiben zur allgemeinen Erheiterung bei. Aber was soll ich sagen: Es hat geholfen. Jette bekam keine Windpocken. Allerdings spuckte Clara vier Tage vor Abflug einen Magen-Darm-Virus auf unseren Küchenfußboden – ich verzichte auf weitere Ausführungen.

Inzwischen habe ich – ausgelöst durch unseren dauerhaften Krankenstand – dazugelernt: Noch bevor ich mich mit Jochen über das Ziel einer Reise geeinigt habe, besitze ich bereits den Schein einer Reiserücktrittsversicherung.

Außerdem habe ich ein paar Dinge eingeführt, von denen ich mir einbilde, dass sie zumindest mich widerstandsfähiger machen: Da ist zum einen meine Wärmflasche. Ein Geschenk von Silke, selbst gemacht mit hübschem Filzbezug und Schweizer Kreuz drauf. Sie sorgt dafür, dass ich beim Schreiben warme Füße habe. Und warme Füße, das weiß jede Frau, sind Grundvoraussetzung für alles.

Zweitens schwöre ich auf die Nasendusche von Dr. Müller: Damit spüle ich mir mehrmals die Woche Kochsalzlösung in die Nase und rüste meine auf diese Weise bestens befeuchteten Schleimhäute für die nächste Triefnasenerreger-Attacke.

Und drittens ist da unsere Öko-Kiste: Sie inspiriert vor allem Jochen regelmäßig zu so feinen Sachen wie Mangold-Quiche (gesund) oder Topinambur-Gratin (auch gesund) oder Rote-Bete-Süppchen an Apfel-Crème-fraîche (megagesund).

Richtig optimistisch gestimmt hat mich auch, was Jochen mir kürzlich aus der Zeitung vorlas: Menschen, die Kinder großziehen, stand da, würden mehrere Jahre länger leben als kinderlose Zeitgenossen. Warum? Das hatten die von der Zeitung leider nicht dazugeschrieben. Ich vermute: Weil Eltern, die Feuchtblattern, Spulwürmer und Maul- und Klauenseuche überstanden haben, nicht so schnell kleinzukriegen sind.

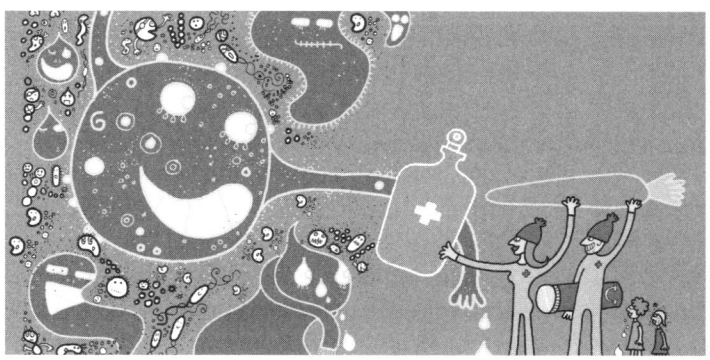

Von Guckern, Sprücheklopfern und Jeansjackenjägern

Manchmal finde ich Deutschland kinderfeindlich.
Es gibt allerdings auch Tage, an denen ich ganz unglaublichen
Menschen begegne.

Sie wissen es ja vielleicht schon: Wir wohnen in München. Und diese Stadt, das muss ich zugeben, hat einiges zu bieten: die Berge in Sichtweite, Leute, die »Oachkatzlschwoaf« fehlerfrei aussprechen können, und Cafés, die auch bei zwei Grad im Schatten ihre Stühle rausstellen. Es gibt Schwimmbäder, die aussehen wie Architekturdenkmäler, und angesagte Tanzclubs, die aussehen wie Schwimmbäder.

Es gibt in München allerdings auch Dinge, die eher selten vorkommen. Dazu zählen bezahlbare Wohnungen mit mehr als drei Zimmern. Und kleine Kinder.

In 86 Prozent der Münchner Haushalte kommt die Spezies Kind überhaupt nicht mehr vor. Und das bedeutet: Menschen, die wie Jochen und ich zwei kleine Mädchen im Schlepptau haben, genießen einen gewissen Exotenstatus.

Nun bringt es unser Alltag mit sich, dass wir uns mit unseren Kindern immer mal wieder in der Öffentlichkeit zeigen müssen, zum Beispiel, weil wir etwas zu essen brauchen. Oder mit der U-Bahn zum Kinderarzt müssen. Weil wir das Bergwerk im Deutschen Museum angucken wollen. Oder die Schmetterlingsausstellung im Botanischen Garten. Bei diesen Ausflügen treffen wir zwangsläufig mit einem Teil der 86-prozentigen Mehrheit zusammen. Und die – so haben wir festgestellt – reagiert höchst unterschiedlich auf unsere exotische Lebensform.

Da gibt es zum Beispiel **den Ignoranten**: Wir treffen ihn vor allem vor Fahrstühlen, wo er sich vorbeiquetscht und uns mit dem Kinderwagen stehen lässt – 81 Treppenstufen entfernt von unserem Ziel. Auch in Kaufhäusern begegnet er uns: wenn er uns die Schwingtür vor den Buggy knallt.

Ignoranten wirken immer so, als dächten sie gerade darüber nach, ob sie den Aktienfonds mit der siebenprozentigen Rendite nicht doch lieber gegen einen Fonds mit acht Prozent Rendite tauschen sollen. Ignoranten können mit Kindern null Komma null anfangen. Und ich habe aufgehört, mich über sie zu ärgern.

Mehr zu schaffen machen mir da schon **die Gucker**: Sie geben mir immer das Gefühl, eine Riesenschlange mit drei Köpfen zu sein. Ich treffe sie regelmäßig im Supermarkt, wenn sie mit fünf Metern Sicherheitsabstand beobachten, wie Clara und Jette mich mit mittelschweren Wutanfällen von einer Zehnerpackung Schokoriegel überzeugen wollen.

Sie sitzen auch gern in Bussen und Bahnen. Neulich etwa, als wir von der Lesestunde in der Stadtbibliothek kamen und Jette die Butterkeksdose von Clara haben wollte. Jette fing an zu kreischen. Und die Leute fingen an zu gucken. Sie starrten, als hätten sie noch nie ein Kleinkind gesehen, das die Diddlmausdose seiner großen Schwester haben möchte. Okay, Jette kann sehr eindrucksvoll kreischen. Aber muss man deshalb gleich diesen Hat-die-ihre-Kinder-nicht-im-Griff-und-was-machen-die-überhaupt-abends-um-fünf-noch-in-der-U-Bahn-Blick aufsetzen?

Die Gucker machen mich nervös. Denn ich habe immer das Gefühl, meinen Kindern sofort einen pädagogisch wertvollen Vortrag über die gerechte Verteilung von Butterkeksen halten zu müssen. Manchmal tue ich das auch. Meistens denke ich aber: Sollen die das Geschrei doch mal zwei Minuten aushalten. Ich hab das jeden Tag! Dabei gucke ich immer so böse, wie ich nur kann. Und meist gucken die Gucker dann weg.

Am wenigsten aber kann ich **die Sprücheklopfer** leiden: Ein Prachtexemplar dieser Gattung begegnete mir kürzlich nach dem Einkaufen: Jette saß hinten im Fahrradkindersitz, ich hatte einen vollen Einkaufsbeutel quer über der Schulter hängen. Als ich mein Rad über die Ampel schob, fiel aus meinem Beutel die Tüte mit den Kartoffeln. Jetzt hatte ich ein Problem: Hätte ich das Rad abgestellt, um die Kartoffeln aufzusammeln, wäre Jette auf dem wackeligen Ständer umgekippt. Hielt ich das Rad fest, kam ich nicht an die Kartoffeln. Eine Frau, die hinter mir ging, guckte sich die Szene interessiert an. Dann überholte sie und sagte im Vorbeigehen: »Na, ist heute Fallentinstag?«

In diesen Momenten würde ich am liebsten auf der Stelle eine Bürgerinitiative gegen Rücksichtslosigkeit gründen. Oder die Familienministerin anrufen und fordern, dass Kinder und deren Einkaufstüten schleppende Erziehungsberechtigte fortan unter Artenschutz gestellt werden.

Nach solch unerquicklichen Erlebnissen nerve ich auch meinen Mann immer heftig. Plötzlich echauffiere ich mich über Dinge, die nicht wirklich neu sind: dass auf dem Spielplatz Hundehaufen liegen. Und dass die Kindergartengebühr auf einen Schlag um 50 Prozent gestiegen ist. Ich halte ihm einen Zeitungsartikel unter die Nase, in dem steht, dass Deutschland zu den kinderunfreundlichsten Staaten Europas gehört und dass man in Island als Familie viel besser leben kann.

Und dann fällt mir noch ein, was mir eine Mutter auf dem Spielplatz erzählt hat: dass sie eine Freundin mit einer vierjährigen Tochter hat, deren Nachbar sie mit einem 124-seitigen Lärmprotokoll vor Gericht gezerrt hat: »Jochen, stell dir das vor!«

Nicht, dass mein Mann diese Zustände gutheißt. Aber er mag sich über solche Dinge nicht stundenlang aufregen. Und deshalb beendet er die Debatte meistens mit Worten wie diesen: »Bescheuerte Leute gibt es überall, wahrscheinlich auch in Reykjavík. Und da hast du außerdem Vulkanausbrüche, und es ist kalt. Also: Bleib lieber hier und ändere deine Sicht.«

Und weil mein Mann oft ziemlich gute Sachen sagt, versuche ich auf ihn zu hören. Deshalb will ich nun beschreiben, was ich sehe, wenn ich meine Sichtweise ändere.

Also, erst einmal sehe ich ein Heer von älteren Damen. Sie tragen Kamelhaarmäntel und Hütchen, sind über 70 und lächeln uns zu wie **Verbündete**. Ihnen fällt auf, dass Jette schon so viele Zähne hat. Und Clara toll auf einem Bein hüpfen kann. Und wenn die Postschalterschlange besonders lang ist, erzählen sie mir von der Zeit, als ihre Kinder klein waren. »Wissen Sie, das waren auch keine kinderfreundlichen Zeiten nach dem Krieg, es gab immer Steckrübensuppe, und in den Mietshäusern hingen Schilder ›Ballspielen verboten‹. Aber groß geworden sind sie doch.« Ich mag diese Pläusche, denn sie geben mir das Gefühl, Teil einer langen Generationenkette zu sein. Und sie geben mir auch das Gefühl von Verschworenheit.

Tja, wenn ich genauer hinschaue, sehe ich noch mehr Erfreuliches. Zum Beispiel die Zahnärztin aus Lemgo, die mit mir im ICE von München nach Hannover saß. Ich nenne sie: **die Zupackerin**. Denn sie hat Clara und Jette zwischen Augsburg und Würzburg viermal das Pixi-Buch vorgelesen, in dem Käthi ein Päckchen nach Amerika schickt, das dann aber bei Madeleine an der Seine ankommt und schließlich wieder bei Käthi in Appenzell landet.[1] Zwischen Fulda und Kassel hat sie die Backgroundstimme für »Zehn kleine Fische, die schwammen im Meer« gegeben: »Schwapp, schwapp, schwapp, schwappiduaaa …« Und schließlich – zwischen Göttingen und Hannover – hat sie Clärchen das Acrylherz von ihrem Schlüsselbund geschenkt. Und das alles nur, damit ich die lange Zugfahrt auch ohne Jochen und größere Nervenzusammenbrüche überstehe.

Am liebsten erinnere ich mich aber an **den Jeansjackenjäger**. Ich traf ihn am Tag vor meinem 40. Geburtstag. An diesem Tag war ich gar nicht gut gelaunt. Ich wollte nicht 40 werden, und ich hatte auch keine Lust, mit Jette durch die halbe Stadt zur Krankengymnastik zu fahren, was ich aber musste, weil meine Tochter mit zwölf Monaten noch nicht krabbeln konnte. Also saß ich sorgenvoll in der Trambahn, und weil es mir beim Sorgenmachen warm wurde, habe ich meine Jacke ausgezogen.

Beim Aussteigen war es das übliche Großstadt-Gewurschtel: mit dem Kinderwagen rückwärts aus der Tram, aufpassen, dass das Kind nicht rausfällt, aufpassen, dass ich keinem in die Hacken fahre, aufpassen, dass kein Auto kommt. Dann ging die Trambahntür zu. Und ich stellte fest: Meine Jeansjacke war drin, meine vergammelte, uralte Lieblingsjeansjacke.

Ich stand heftig gestikulierend auf der Straße. Aber die Trambahn war weg. Plötzlich hielt ein Auto neben mir, ein mittelalter, nicht unattraktiver Mann schaute mich an, fragte: »Was ist los?« Ich jammerte: »Meine Jacke!« Er sagte: »Moment!«, drückte aufs Gaspedal, holte die Tram ein – und an der nächsten Haltestelle meine Jacke raus!

»Diese Geschichte ist so schräg, dass jeder denkt, du hast sie dir ausgedacht«, meint Jochen. Aber ich schwöre: Sie ist passiert. Am 7. Juli 2004 mitten in Schwabing.

Und weil ich meinen Jeansjackenjäger damals nicht einmal auf einen Kaffee einladen konnte, möchte ich mich hier bedanken: Lieber Unbekannter, Sie haben mein Selbstbewusstsein als Frau gestärkt. Und meinen Glauben an die Menschheit. Und weil ich noch Tage danach beschwingt war, haben Sie auch sehr kinderfreundlich gehandelt. Denn das weiß ja jeder: Eine zufriedene Mutter ist eine gute Mutter.

Na dann: Gute Nacht!

Alle Eltern kennen sie, diese Nächte, in denen der Sandmann einfach nicht kommt, die Kinder dafür aber immer wieder. Mein Tipp: Durchhalten! Und die richtige Musik.

Neulich hatte ich beim Staubsaugen ein denkwürdiges Erlebnis: Ich saugte so vor mich hin, und plötzlich merkte ich, dass ich ein Liedchen summte: Lalelu, nur der Mann im Mond schaut zu, wenn die kleinen Mädchen schlafen gehn, schläfst auch du, lalelu ...

Was daran denkwürdig ist? Nein, nicht dass ich beim Staubsaugen singe. Das habe ich schon immer gemacht: Gloria Gaynor passt gut zum Fensterputzen. Ray Charles hilft mir beim Bodenwischen: Hit the road Jack! Und Anastacia staubt richtig ab. Allerdings: Lalelu gehört nicht zu meinen Putzcharts. Es hat sich einfach eingeschlichen. Und ich habe dafür nur eine Erklärung: Dieses schlichte Liedchen hat mich musikalisch in der letzten Zeit am meisten geprägt, denn ich habe es viele Hundert Mal gesungen: Immer dann, wenn ich meine Kinder zum Schlafen bringen wollte. Und das wollte ich deutlich öfter als staubsaugen.

Wenn ich es mir genau überlege, dann stelle ich außerdem fest, dass unser Nachtleben in den vergangenen viereinhalb Jahren eine wechselvolle Geschichte hatte:

Die Phase der Entschlossenheit.
Diese Phase begann kurz nach Claras Geburt. Ich war bereits ein paar Jahre ELTERN-Redakteurin und hatte bei meinen Recherchen unglaubliche Dinge erfahren: Da gab es tatsächlich Eltern, die ihr Baby im Maxi-Cosi auf die Waschmaschine stellten – weil es nämlich nur einschlief, wenn der Schleudergang lief. Oder die nachts mit ihren schlaflosen Säuglingen im Kinderwagen Vorgärten durchpflügten.

»Jochen, so was machen wir nicht«, hatte ich damals gesagt. Und mir gleich einschlägige Literatur besorgt: »Jedes Kind kann schlafen lernen, weißt du, man muss bloß konsequent sein.« Jochen hatte damals solidarisch genickt.

Ein Jahr später war er nicht mehr auf meiner Seite. Clara war inzwischen 13 Monate alt. Und sie schlief schlecht. Abends trugen wir ihre zehn Kilo Lebendgewicht manchmal eine ganze Stunde herum, dazu sangen wir ausgiebig. Damals war es noch »Guten Abend, gute Nacht«. Lag unser Kind endlich im Bett, schlichen wir uns raus. Dabei war es wichtig, nicht auf die Parkettstelle links neben dem Schrank zu treten. Die knarrte nämlich und machte fünfzig Refrains in einer Sekunde zunichte.

»Wir sollten es mit einem anderen Schlaflied versuchen«, meinte Jochen, »vielleicht mag sie ›Guten Abend, gute Nacht‹ nicht.«

»Wir sollten es mit dem Schlafprogramm von Dr. Ferber versuchen«, sagte ich. »Unser Kind muss lernen, allein einzuschlafen.«

Wir versuchten beides. Bis heute wissen wir nicht, ob Clara »Lalelu« mehr zusagte als »Guten Abend, gute Nacht«. Wir wissen aber, dass ihr Dr. Ferber gar nicht zusagte. Sie protestierte nämlich mit beeindruckender Energie, als sie plötzlich in ihrem Bett und ohne Rumtragen einschlafen sollte. Und sie begriff auch gar nicht, warum ich alle paar Minuten zu ihr reingeschneit kam, sie streichelte, etwas »Lalelu« summte und dann wieder verschwand.

»Das kannst du doch nicht machen«, sagte Jochen zu mir.

»Da müssen wir jetzt durch«, sagte ich zu Jochen. Und dann zankten wir ein bisschen über den Sinn dieser Methode.

Ich fühlte mich grottenschlecht. Alle waren gegen mich: mein Mann, mein Kind, und wahrscheinlich auch die Nachbarn in der Wohnung unter uns. Ich war mir sicher, sie würden mich demnächst wegen Kindesmisshandlung anzeigen. Nach sechs Tagen schickte ich Dr. Ferber zum Teufel. Das war das Ende der Phase der Entschlossenheit. Es folgte:

Die Phase der Unentschlossenheit.
In dieser Zeit eierten wir ziemlich herum. Wenn Clara nachts aufwachte, war es meistens ich, die mit ihr auf dem Flur hin- und herwankte.

Jochen behauptete, er würde unser Kind nachts einfach nicht hören. Und er wusste auch, warum: »Das hat was mit dem Ammenschlaf zu tun. Frauen mit kleinen Babys haben einfach einen leichteren Schlaf als Männer, das hat die Natur so eingerichtet.«

Ich hielt das für eine faule Ausrede. Und war überzeugt: Er stellte sich einfach bloß tot.

Eines Abends hatte ich mich mit Freunden in der Kneipe getroffen. Als ich nach Hause kam, hörte ich Clara schon unten auf der Straße brüllen. Ich sprintete hoch. Und was sah ich? Den Kindsvater in komatösem Tiefschlaf auf dem Kinderzimmerteppich und unsere Tochter wutrot in ihrem Bettchen. Da wusste ich, dass an der Ammenschlaf-Theorie was dran sein musste.

Die Phase der Unentschlossenheit dauerte ungefähr ein Jahr. In dieser Zeit hatte ich manchmal das Gefühl, in meinem Kopf müsste nur noch Grütze sein – so müde war ich. Gelegentlich litt ich unter bedenklichem Gedächtnisverlust: Da war zum Beispiel dieser Morgen, als ich mit verknoteten Armen und Beinen auf unserem Sofa im Wohnzimmer aufwachte. Ich ging ins Schlafzimmer: Unser großes Bett war leer. Ich ging ins Kinderzimmer: Da lagen Jochen und Clara zusammen auf einer Luftmatratze. Tatsache war: Keiner hatte in dieser Nacht in seinem Bett geschlafen. Und ich hatte keine Ahnung, wieso nicht.

Nachträgliche Rekonstruktionsversuche machen Folgendes wahrscheinlich: Clara hatte geweint, Jochen hatte es – in einem seltenen Anflug von Ammenschlaf – zuerst gehört. Er war aufgestanden und hatte sich neben das Kinderbett gelegt. Weil Clara aber weiterweinte, war auch ich aufgewacht, hatte festgestellt, dass Jochen nicht da war, war ins Kinderzimmer gewankt und hatte geflüstert: »Ich geh aufs Sofa, leg dich mit Clara ins große Bett.« Jochen war aber bereits wieder eingeschlafen und hatte meinen Vorschlag nicht mitbekommen. Und ich hatte nicht mitbekommen, dass er es nicht mitbekommen hatte. Wie Clara schließlich auf die Luftmatratze gekommen ist, bleibt ungeklärt.

Am Ende der Phase der Unentschlossenheit dachte ich wieder öfter an Dr. Ferber. Mit Unbehagen, ja – aber er schien die letzte Rettung vor dem endgültigen Verfall meiner Kräfte.

Vielleicht hat Clara den Ernst der Lage gespürt, vielleicht war sie auch einfach nur wieder ein bisschen älter geworden: Jedenfalls schlief sie plötzlich deutlich ruhiger. Einfach so. Und nur mit zwei Strophen »Lalelu« am Abend. Jochen und ich waren begeistert und feierten mit Maria Furtwängler, die einen »Tatort« im Teufelsmoor zu klären hatte und die wir zum ersten Mal ohne Kindergeschrei bei ihren Ermittlungen begleiten konnten. So begann:

Die Phase der Zuversicht.
Und dann kam Jette!

Sie war von der Geburt so groggy, dass sie danach zwei Monate lang nonstop schlief. Gut für Jochen und mich. Denn so hatten wir viel Zeit, uns auf ein paar schlafhygienische Maßnahmen zu einigen: Dieses Kind würde nach dem Abstillen keine Milchflasche zum Einschlafen bekommen, wir würden es möglichst bald an regelmäßige Schlafenszeiten gewöhnen. Und wir würden es abends auch nicht stundenlang rumtragen – sondern in seinem Bettchen trösten und auch mal ein paar Minuten weinen lassen: »Ferber light«, nannte Jochen das.

Ob wir das durchgehalten haben? Sagen wir mal so: Wir haben uns bemüht. Und Jochen behauptet ja sogar, dass Jette angeblich deutlich besser schläft, als Clara es in diesem Alter tat.

Ich würde eher sagen: Unsere Kleine ist eine Quartals-Querulantin. Und der letzte Schlafboykott im Februar sah ungefähr so aus: Jette ließ sich wie üblich mit ein paar Lalelus gegen 19 Uhr 30 ins Bett bringen. Gegen zehn war sie aber schon wieder wach, und wir mussten erneut singen. Genauso um eins und um drei. Um fünf konnte der Mann im Mond dann (möglicherweise erfreut) zuschauen, wie ich leicht bekleidet unter Jettes Gitterbett herumkroch, um im Dunkeln nach Schmusetüchern zu fahnden. Und um sieben wachte ich auf einer schlappen Luftmatratze zwischen Doktorkoffer und Holzeisenbahn auf und fühlte mich, als sei ich unter die Räder derselben gekommen. Dabei hatte ich nach längerer Elternzeit gerade wieder in der Redaktion angefangen – und brauchte Grips im Kopf und keine Grütze.

Immerhin hatte ich trotz meines eingeschränkten Denkvermögens in diesen Wochen eine gewinnbringende Erkenntnis: Oft liegen die Ursachen für schlechte Nächte nicht im Dunkeln, sondern man muss sie am Tag suchen: Weil ich wieder ins Büro wollte, war Jette neuerdings drei Vormittage bei einer Tagesmutter. Und diese ungewohnte Trennung hatte ihre kleine Welt offenbar durcheinander und uns um den Schlaf gebracht. Sie brauchte – zumindest vorübergehend – mehr Sicherheit und mehr Zuwendung. Nicht nur nachts. Sondern auch am Tag.

Und das bedeutete für die nächsten Wochen: Statt an meinen freien Tagen die Wäsche zu machen oder den Großeinkauf, saß ich mit Jette auf dem Fußboden und guckte zehnmal hintereinander das Bilderbuch an, in dem das sehr unfreundliche Krokodil ein Zahnproblem hat.[2] Wir spielten auch ausdauernd

»Kommt ein Mann die Treppe rauf«. Und ließen uns abwechselnd in den immer voller werdenden Korb mit der Bügelwäsche plumpsen.

Inzwischen ist alles wieder ruhig. Jette schläft. Clara sowieso. Der Wäscheberg hat wieder Normalmaß. Und für mich mehren sich die Zeichen der Zuversicht: Es gibt sie immer öfter – diese herrlichen Nächte, in denen ich meine Träume zu Ende träumen und meine Anti-Aging-Creme ordnungsgemäß wirken kann. Und diese Morgen, an denen ich mich frisch und froh fühle und weiß, was Gloria Gaynor schon immer wusste: I will survive!

Der große Unterschied
und seine Folgen

Geschwister haben dieselben Eltern. Man sollte meinen, dass allein diese Tatsache für eine gewisse Ähnlichkeit sorgt. Bei uns nicht! Meine Mädels könnten verschiedener nicht sein.

Wenn ich meine beiden Töchter beobachte, muss ich in letzter Zeit immer häufiger an Herrn Mendel denken. Herr Mendel war Mönch, hieß mit Vornamen Gregor und begegnete mir zum ersten Mal vor 25 Jahren im Biologieunterricht – als Vater der Vererbungslehre. Bei den seine Theorien begleitenden Experimenten musste man Erbsen zählen oder besser: Erbsensamen kreuzen – glatte Erbsensamen mit runzligen Erbsensamen zum Beispiel. Das gab dann glatt-runzlige Erbsensamen. Und wenn die wieder gekreuzt wurden, hatte man plötzlich lauter verschiedene Erbsensamensorten: ganz glatte, ganz runzlige oder runzlig-glatte oder glatt-runzlige – und das, obwohl sie doch alle die gleichen Erbsensameneltern hatten …

Was dieses ganze Gemendel mit unseren Kindern zu tun hat? Ganz einfach: Ich versuche immer öfter, eine logische Erklärung zu finden für die Tatsache, dass unsere beiden Töchter so verschieden sind. Und zwar schon auf den ersten Blick.

Clara ist blond und hellhäutig. Sie sieht ein bisschen aus, als käme sie direkt aus Lönneberga. Als Clara ein Baby war, hatte sie Beinchen wie ein Mainzelmännchen mit Winterspeck, und ihr Gesicht war so rund, dass Jochen oft sagte: Man kann ihre

Backen von hinten sehen. Bis heute ist sie in ihrem gelben Vorsorge-Buch eher ein Fall für die oberen Perzentilen.

Ganz anders Jette: Sie war bei ihrer Geburt ein verhungertes Hühnchen mit gerade mal vier Pfund. Auch jetzt ist sie keine Wuchtbrumme. Und mit ihrem dunklen Teint ginge sie in Lönneberga höchstens als Verwandte fünften Grades durch.

Unsere Mädels sehen aber nicht nur unterschiedlich aus. Sie sind es auch.

Clara ist ein besonnenes, vorsichtiges Kind, das mitunter nah am Wasser gebaut hat. Wenn die U-Bahn einfährt, zieht sie mich am Jackenärmel, weil meine linke kleine Zehe drei Millimeter über den Sicherheitsstreifen auf dem Bahnsteig hinausragt.

Wenn uns eine betagte Pudeldame begegnet, würde sie am liebsten die Straßenseite wechseln. Und mit ihrem polizeilichen Ordnungssinn hat sie uns schon vor vielen Knöllchen bewahrt: Mama, Papa, hier dürft ihr nicht stehen, hier ist eine Einfahrt!

Lese ich ihr das Buch von den wilden Kerlen[3] vor, guckt sie vorm Schlafengehen noch mal unter ihr Hochbett, ob da nicht noch ein wilder Kerl hockt. Und sagt, dass sie morgen lieber wieder das Buch lesen möchte, in dem Lotte Prinzessin sein will[4].

Jette hingegen ist das, was man in meiner plattdeutschen Heimat einen »Wipsteert« nennt, ein kleiner Irrwisch. Sie zieht wildfremde Hunde, die nichtsahnend vor Reformhäusern auf ihr Frauchen warten, einfach am Schwanz – obwohl sie schon mehrmals nur haarscharf einem Hundebiss entgangen ist.

Sie klettert auf jeden Stuhl und jede Mauer. Und weil sie ihre Aussichtspunkte oft im freien Fall verlässt, würde ich ihr am liebsten ein Erste-Hilfe-Täschchen mit Arnika-Kügelchen um den Hals hängen. Und mir ein Schild für unsere häufigen Besuche beim Arzt: Nein, ich verletze nicht meine Aufsichtspflicht!

Jettes Lieblingsbuch ist das von dem sehr unfreundlichen Krokodil, und am besten findet sie die Stelle, wo das sehr unfreundliche Krokodil ganz laut brüllt: Uaah, uaah! Und alle Tiere, auch das dicke Nilpferd, den Fluss fluchtartig verlassen.

Neulich traf ich Ute, die drei Söhne hat. Ich erzählte ihr von meinen Beobachtungen und von meiner These, dass Mendel bei uns ganze Arbeit geleistet habe.

»Nix Mendel, das ist das Nischenphänomen«, meinte Ute. »Ist doch klar, dass deine Kleine sich anders benimmt als die Große. Warum sollen sich die beiden in einer Ecke drängeln, wenn woanders viel mehr Platz ist?«

Ute liegt nicht ganz falsch: Die Kleine bekommt unsere Zuwendung und Aufmerksamkeit vor allem dann, wenn sie etwas ganz anders macht, als wir es von ihrer Schwester gewohnt sind.

Und genau genommen fing ihre Vorliebe für unbesetzte Nischen schon am Tag ihrer Geburt an: Der errechnete Termin war der 9. Juli, und das war nun wirklich wenig originell. Denn Clara hat am 6. Juli Geburtstag, ich am 8., Opa Heiner am 9. …

Hilfe, habe ich damals gedacht, so viele Geburtstage in einer Woche, wie soll ich das bloß geregelt bekommen! Klammheimlich – ich gestehe – klammheimlich plante ich schon, die Kinder zusammen feiern zu lassen. Nur einmal Topfschlagen, nur einmal klebrig-kalten Hund und eine verwüstete Wohnung!

Doch Jette wollte ihren eigenen Geburtstag. Und den hat sie jetzt auch: Sie kam nämlich vier Wochen zu früh, am Freitag, den 13. Damit sorgte sie nicht nur für großes Hallo und Aufregung. Sondern sicherte sich auch ein Sternzeichen, das in unseren Familien seit Generationen nicht mehr vorgekommen ist: Zwillinge.

Vererbung oder Umwelt? Mönch Mendel oder Ute? Wer hat denn nun Recht? Sind unsere Kinder deshalb so verschieden, weil sie unterschiedliches genetisches Gepäck mitbekommen haben? Oder liegt es daran, dass Jette als zweites Kind mit ganz anderen Gegebenheiten klarkommen muss als Clara, die keine große Schwester hat, dafür aber Eltern, die bei ihrer Geburt ängstlicher, ahnungsloser, perfektionistischer waren als heute?

Jochen meint, dass wohl beides irgendwie stimmt. Dass wir uns darüber aber nicht den Kopf zerbrechen sollten. Denn das hätten schon andere vor uns getan – mit mäßigem Erfolg.

Und wenn er mich foppen will, dann kommt er noch mit einer Theorie, die wissenschaftlich kaum belegt sein dürfte: Alles Gute haben die Kinder vom Vater, den Rest von der Mutter ...

Qualifizierter erscheinen mir da schon die Erkenntnisse von Judy Dunn und Robert Plomin. Die beiden Wissenschaftler haben nicht nur ein dickes Buch über das, was ich täglich beobachte, geschrieben[5], sondern machten mich auch darauf aufmerksam, dass sich unsere unähnlichen Töchter in illustrer Gesellschaft befinden: Mark Twain, Katherine Mansfield, Leo Tolstoi, Oscar Wilde, Simone de Beauvoir – sie alle hatten Brüder und Schwestern, die ganz anders waren als sie selbst.

Nun sind diese Leute längst tot. Und ihre Erziehungsberechtigten natürlich auch. Schade eigentlich. Denn ich hätte die Mutter von Mark und Henry Twain gern gefragt, wie sie denn mit ihren unterschiedlichen Jungs klargekommen ist.

Mich überkommt nämlich gelegentlich eine gewisse Erziehungskonfusion. Zum Beispiel, wenn ich beim Kinderturnen unten an der Kletterwand stehe und der Kleinen auf Sprosse sechs zurufe: »Jette, Vorsicht, nicht so hoch! Nimm beide Hände, komm rückwärts runter!« Und der Großen auf Sprosse sieben, gut zurede: »Clara, komm, ein bisschen geht noch! Schau mal, da ist die Matte, es kann gar nichts passieren!«

Oder wenn ich am Abendbrottisch sitze und beobachte, wie die eine ordentlich mit Messer, Gabel und Serviette, vor allem aber mit offensichtlichem Genuss das dritte Tomaten-Käse-Brot verdrückt. Und die andere lustlos auf dem ersten Viertel rumkaut, vom zweiten gerade die Salami pult und das dritte schon auf den Boden befördert hat. Der einen möchte ich sagen: »Jetzt iss mal und hampel nicht so rum«, der anderen: »Pass auf, dass du nicht zu viel isst, sonst kriegst du Bauchweh.«

Meistens sage ich gar nichts und denke an Ute, an Mendel und an die Mutter von Mark Twain. Oft frage ich mich auch, wie unsere Mädchen sich wohl selbst in ihrer Verschiedenheit erleben. Und da ich nicht davon ausgehe, dass sie das später wie Mark Twain zu Papier bringen, kann ich nur spekulieren.

Vielleicht würde Clara sagen: »Jette, das ist meine wilde kleine Schwester, die macht meine Zieh- und Klapp-Bücher kaputt, und wenn wir Apfelkuchen essen, kriegt sie mehr Sahne als ich. Beim Fahrstuhlfahren drückt sie am liebsten den roten Alarmknopf. Das gibt dann immer große Aufregung. Und Mama kriegt so schlechte Laune, dass sie hinterher nicht mehr Prinzessinnenmemory spielen will.«

Vielleicht würde Jette sagen: »Clara, das ist meine große Schwester. Die hat noch nie versucht, die Kindersicherung aus der Steckdose zu fummeln. Deshalb kriegt sie viel weniger Schimpfe als ich. Wenn ich mal wieder irgendwo runterfalle, dann weint sie gleich mit. Und wenn der Obstverkäufer freitags mit der Klingel durch den Hof läuft, dann schickt sie mich vor. Denn sie hält ihn für einen wilden Kerl und traut sich nicht hin.«

Vielleicht würden beide aber auch sagen: »Meine Schwester, die ist ganz anders als ich. Aber irgendwie passen wir gut zusammen. Aus der Tüte mit dem Butterkekszoo will die eine von uns die Löwen haben, die andere mag lieber die Bären. Und im Kinderzimmer sitzen wir am liebsten auf dem Bänkchen hinter der Tür. Da sieht uns keiner. Und wir können Quatsch machen. Und wenn Mama oder Papa reinkommt, halten wir zusammen. Wir sind nämlich klein, und die sind groß. Das ist auch ein ziemlicher Unterschied. Aber einer, der uns verbindet.«

Babysitter dringend gesucht!

Zwei kleine Kinder und keine Großeltern um die Ecke – Eltern wie wir haben die Wahl: Entweder rund um die Uhr selber hüten. Oder ganz schnell einen guten Babysitter auftun. Beides ist nicht ohne!

Unser erster Babysitter war blassrosa und zweiteilig. Wir fanden ihn vor Jahren in einem Münchner Elektrogeschäft. Und die Verheißung auf dem Verpackungskarton klang unwiderstehlich: »400 Meter Reichweite«. Daneben waren zwei Fotos zu sehen – eines von einem schlummernden Baby und eines von einem Paar, das sich glücklich lächelnd auf einer schattigen Terrasse ein Glas Wein genehmigt.

Für uns war die Sache klar: Nun würden wir mindestens zweimal die Woche irgendwo im Viertel Caipirinha trinken, während unsere Kleine zu Hause in ihrem Bettchen schlief.

Doch schon unser erster Kneipenbesuch floppte. Obwohl das Lokal höchstens 100 Meter Luftlinie von unserem Haus entfernt lag, funktionierte das Babyfon nur an einem einzigen Fenstertisch. Und da saßen Leute, die nicht so aussahen, als hätten sie Lust, ihren Tisch mit uns und dem Babyfon zu teilen.

Wir setzten uns also an einen anderen Tisch. Doch da piepte das Babyfon hysterisch. Wenn es nicht piepte, gab es Geräusche von sich, als probe der Bundesnachrichtendienst den großen

Lauschangriff. Oder als mache sich ein Einbrecher mit Glasschneider an unserem Kinderzimmerfenster zu schaffen.

»Vermutlich steht hier irgendwo noch ein anderes Babyfon mit derselben Frequenz«, mutmaßte mein Mann Jochen. »Vermutlich ist das Ding einfach Schrott«, schimpfte ich. Und ich glaube, wir sahen dabei nicht annähernd so glücklich aus wie das Paar mit dem Wein auf der schattigen Terrasse.

Später lasen wir im Kleingedruckten, dass die Reichweite des Babyfons durch »Hindernisse aus Beton« beeinträchtigt werden könnte. Für Menschen, die wie wir in der Großstadt und nicht auf einem einsamen Weinberg oder auf einer Hallig wohnen, eine niederschmetternde Auskunft.

Doch das war erst der Anfang. Clara wurde älter, und ich wollte wieder Texte schreiben. Das ging zwar von zu Hause aus. Aber nur, wenn nicht ständig ein quirliges Kleinkind um mich herum war: Ich fand es jedenfalls ziemlich unprofessionell, den vielbeschäftigten Chefarzt der Abteilung für Frauenheilkunde bei der Telefonrecherche über die Periduralanästhesie mit dem Hinweis zu unterbrechen: »Entschuldigung, Herr Professor, ich muss Sie kurz mal weglegen – meine Tochter schiebt gerade eine Tafel Vollmich-Nuss in das Kassettenfach unseres Videorekorders.«

»Wir brauchen einen richtigen Babysitter, einen Menschen, der mit Clara spazieren fährt, während ich schreibe«, sagte ich zu Jochen. Zwei Tage später überreichte mir mein Mann einen Papierschnipsel. Darauf stand die Nummer von Julia. »Hing am Baum, drüben am Spielplatz«, sagte er. »Ruf doch mal an!«

Ich rief an. Und Julia sagte, sie sei Lehramtsstudentin und habe viel Erfahrung mit Kindern und auch mal vormittags Zeit. Wenn es mir recht sei, käme sie gleich nächsten Mittwoch vorbei.

In der Nacht zum Mittwoch schlief ich schlecht. Ich träumte von Babysittern, die kleine Mädchen entführten, um sie in Kanada an kinderlose Paare zu verkaufen. Mir erschien auch eine depressive Kinderfrau, die ihren Schützlingen Pillen gab, damit sie ruhig waren. So ein Fall hatte in der Zeitung gestanden.

Am nächsten Morgen wartete ich mit gemischten Gefühlen auf Julia. Doch Julia kam nicht. Und sie rief auch nicht an. Ich rief auch nicht an. Stattdessen schmiss ich den Schnipsel vom Spielplatzbaum gegen Mittag in den Müll und hielt das Ganze für einen Wink des Schicksals: Vielleicht war es einfach noch zu früh, unser Kind in fremde Hände zu geben!

»Ach was, es ist nicht zu früh. Du brauchst bloß das Richtige«, sagte Susa, damals noch kinderlos. »Was ist das Richtige?«, fragte ich. »Ein Au-pair-Mädchen«, sagte Susa. »Au-pair-Mädchen sind bezahlbar, und sie sind jeden Tag da.«

»Au-pair-Mädchen sind zwanzigeinhalb, ständig verliebt und vertelefonieren Hunderte von Euros mit ihrem Süßen in Wladiwostok«, entgegnete ich und dachte an meine Nachbarin und ihr Au-pair Oksana. »Außerdem haben wir gar keinen Platz!«

»Sie könnte in der Kammer wohnen«, sagte Susa und gab nicht auf. »Die Kammer hat fünf Quadratmeter und ein winziges Fenster«, sagte ich. »Das nennt man Freiheitsberaubung.«

In diesem Jahr schrieb ich meine Artikel meist am Wochenende, wenn Jochen da war. Oder nachts. Das war zwar gut für unsere Haushaltskasse, aber nicht gut für meine Augen.

Zwischendurch telefonierte ich mit einer Reihe von Ulrikes, Andreas und Michaelas. Sie waren Vorstandsmitglieder von Elterninitiativen, die »Kükennest« hießen, »Villa Kunterbunt«, »Spieloase« oder so ähnlich. Und sie versprachen, dass sie beim nächsten Mitgliedertreffen im »Kükennest« ein gutes Wort für mich einlegen würden. Allerdings müsste ich bereit sein, ab und zu Brotzeitdienst zu machen. Ich hatte keine Ahnung, was genau Brotzeitdienst bedeutete, aber ich war sicher, dass ich dazu bereit sein würde, wenn das die einzige Bedingung für einen Platz in der Elterninitiative war.

Die Rettung kam dann ganz unverhofft: Ein Brief von einer städtischen Kindertagesstätte mit dem denkwürdigen Satz: Die Aufnahme Ihrer Tochter Clara Willers ist zum Herbst möglich!

Denkwürdig war dieser Satz aus zwei Gründen: Die Wahrscheinlichkeit, in München einen Krippenplatz zu bekommen, ist ungefähr so groß wie die, auf der Maximilianstraße ein vierblättriges Kleeblatt zu finden. Und: Ursprünglich hatten wir Clara in dieser Kita gar nicht angemeldet. Sondern einen Sohn mit dem Namen Oskar Glaser.

Das verstehen Sie nicht? Ich zuerst auch nicht. Es war so: Um überhaupt den Hauch einer Chance auf einen Krippenplatz zu haben, hatten Jochen und ich im fünften Schwangerschaftsmonat einen Anmeldemarathon gestartet: Ich hatte vier Bewerbungsgespräche in vier verschiedenen Einrichtungen geführt, vier identische Formulare ausgefüllt. Und erfahren, dass ich nun auf Platz 189 der Warteliste sei. Jochen hatte das Gleiche getan.

Was ich nicht wusste: Mein Mann hatte unserem ungeborenen Kind bei seinen Anmeldungen den Arbeitstitel Oskar Glaser gegeben. Bis zur Geburt war nämlich nicht klar, welches Geschlecht unser Baby haben würde, und deshalb hatten wir ausgemacht: Ein kleiner Junge würde Jochens Nachnamen tragen, nämlich Glaser. Ein kleines Mädchen meinen, Willers.

Als ich nach Claras Geburt wieder in der Krippe vorsprach, um mein anhaltendes Interesse für einen Platz in ferner Zukunft zu bekunden, war die Verwirrung groß: »Wieso Clara Willers? Wir haben hier bloß einen Oskar Glaser«, sagte die Dame mit dem Anmeldungsordner. »Haben Sie jetzt etwa Zwillinge? Und warum haben die nicht den gleichen Familiennamen?«

Oskar? Zwillinge? Es dauerte eine Weile, bis es mir dämmerte: Jochen, du Witzbold!

Um wartelistenberechtigt zu bleiben, musste sich unser kleiner Oskar dann zur großen Erheiterung aller Anwesenden einer bürokratischen Geschlechtsumwandlung unterziehen. Der Eingriff verlief komplikationslos und hat bei der Kindertagesstättenleitung offenbar bleibenden Eindruck hinterlassen.

Auf jeden Fall bekamen wir nach einer weiteren Weile eben jenen denkwürdigen Brief: ein Krippenplatz! Für Clara! Von Oskar!

Dann kam Jette – und unser Kinderbetreuungsproblem ging in die zweite Runde. »Diesmal«, sagte ich zu Jochen, »diesmal machen wir es anders. Keine Julias und Oksanas und Schnipsel am Baum: Wenn Jette ein Jahr alt ist, suche ich eine Tagesmutter. Das ist für die Kleinen sowieso am besten: Nicht so viele Kinder, feste Bezugsperson, flexible Betreuungszeiten.«

Ich fand Uta: seit 15 Jahren Tagesmutter, fortgebildet vom Jugendamt und warmherzig. Ich wollte Jette zwölf Stunden die Woche bei ihr unterbringen und war vollkommen sicher: Jette würde begeistert sein. Auch Uta meinte, dass die Eingewöhnung mit Sicherheit reibungslos klappen würde.

Das Problem war nur: Jette wollte nicht zwölf Stunden bei Uta und den anderen Kindern bleiben. Sie wollte nicht mal zwei Stunden dableiben. Sie wollte gar nicht dableiben. Sie machte jedes Mal ein Höllengeschrei. Bis Uta und ich aufgaben.

So kam es, dass ich meine Texte wieder nachts schrieb. Und meine Augen immer schlechter wurden. Und so kam es, dass sich die Notrufe bei meiner Freundin Traudi häuften: »Ich muss dringend zum Zahnarzt, könntest du vielleicht mal ganz kurz die Kleine …?«

Auch das ist jetzt schon wieder eine ganze Weile her. Inzwischen geht auch Jette in Claras Kita. Ich arbeite Teilzeit, Jochen arbeitet weniger und kann sich mehr um die Mädels kümmern. Und: Die Babyfone machen enorme technische Fortschritte.

Das jedenfalls behauptet Susa, die inzwischen Mutter eines Sohnes ist: Sie hat jetzt ein Modell, das ins Telefon integriert ist. Wenn ihr Kleiner aufwacht oder verdächtige Geräusche in der Wohnung zu vernehmen sind, ruft das Telefon sie automatisch auf dem Handy an.

»Das ist super«, sagte Susa bei unserem letzten Treffen. »Da können Markus und ich theoretisch sogar mal ins Kino.«

Ja, dachte ich, theoretisch. Praktisch wirst du im Kino sitzen und darüber nachdenken, ob sich zu Hause nicht vielleicht ein ganz und gar geräuschloser Kabelbrand ausbreitet. Aber das habe ich dann lieber doch nicht laut gesagt.

Ich kauf uns was!

**Denn Kaufen macht so viel Spaß – sang einst Herbert Gröne-
meyer. Der Spaßfaktor hängt allerdings ganz entscheidend
davon ab, wen man beim Einkaufen dabeihat.**

Eigentlich sollte man ja meinen, Einkaufen sei eine simple
Sache: Man geht in den Laden, sucht aus, bezahlt und fertig.
Theoretisch mag das auch so sein. Praktisch finde ich Einkaufen allerdings nicht so leicht. Zumindest, seit ich Familie habe.
Denn erstens ist das regelmäßige Schleppen von Windelpake-
ten, Dosentomaten und Wassermelonen physische Schwerstar-
beit. Zweitens heißen wir nicht Hilton. Und das bedeutet: Wir
müssen beim Geldausgeben rechnen.

Und drittens bin ich beim Einkaufen meistens nicht allein. Je
nach Alter und Befindlichkeit meiner Begleitung ist das Einkaufen daher auch eine psychologische Herausforderung.

Einkaufen mit einer Zweijährigen:
Eigentlich finde ich, dass Kleinkinder in Supermärkten fehl am
Platz sind. Ich glaube auch, dass Kleinkinder finden, dass sie in
Supermärkten fehl am Platz sind. Jedenfalls sehen sie meistens
unglücklich aus: Sie sind im Begriff, sich aus dem Einkaufswagen zu stürzen, oder zanken mit ihrer Begleitperson, weil die
nicht will, dass in die Schokozwieback-Tüte ein Loch gebohrt
wird, bevor sie bezahlt ist.

Vermutlich geht es diesen Begleitpersonen wie mir: Sie müssen ihr Kleinkind mitnehmen, weil die Oma am anderen Ende der Republik sitzt und wegen fünf Litern Milch nicht jedes Mal einfliegen kann. Und weil sich auch sonst niemand findet, der aufpasst, während Mutter den Einkaufszettel abarbeitet.

Mein Supermarkttag ist Dienstag. Gleich nachdem wir Clara im Kindergarten abgeliefert haben, ziehen Jette und ich los. Meistens in einen Laden bei uns in der Nähe. Der ist günstig, gut sortiert und: Er hat nicht nur große Einkaufswagen für Erwachsene. Sondern auch kleine für Kinder. Das ist praktisch: Während ich hin- und herlaufe und überlege, wo die Leute vom Supermarkt wohl den Fleckenteufel »Filzstift« versteckt haben, umrundet Jette mit ihrem kleinen Einkaufswagen verschiedene Aktionsflächen, fährt ahnungslosen Filialleitern in die Hacken, pult Preisschilder von Ragout-fin-Dosen und – kauft ein. Ihre derzeitigen Must-haves: salziges Popcorn, rosa verpackte Damenbinden, Orangenmolke und Schokolade mit Kuhflecken drauf.

So ist Jette meistens eine ganze Weile beschäftigt. Und ich kann mich in Ruhe entscheiden, ob ich für die Kartoffelsuppe glatte oder krause Petersilie brauche. Alles wunderbar – bis wir in der Kassenschlange stehen. Bei einem Blick in Jettes Einkaufswägelchen wird mir nämlich klar, dass sich in unserer Familie zwar durchaus Abnehmer für Orangenmolke und Kuhschokolade finden – nicht aber für den Rest. Jette sieht das anders. Und das tut sie auch kund – natürlich mit lautem Wutgebrüll.

Ich sagte es ja bereits: In Supermärkten sind Kleinkinder fehl am Platz.

In Kaufhäusern allerdings auch: Neulich brauchte ich einen neuen Kajalstift, weil meine Töchter den alten zum Bildermalen benutzt hatten. Während ich vor den Kosmetika stand, schob Jette ihren Buggy in die benachbarte Süßwarenabteilung. Ich dachte bloß: Nix wie raus hier, bezahlte den Stift, sprintete meinem Kind hinterher und verließ das Kaufhaus. Als ich vor

der Tür unten im Einkaufsnetz des Buggys nach Jettes Sonnen-
hut suchte, traf mich der Schlag: Dort lagen Haferkekse, viele
Haferkekse – genau genommen war es eine Familienpackung
mit 600 Gramm. Und alles, was ich wusste, war, dass ich die
Kekse weder dort reingetan noch bezahlt hatte.

Jette, oh no!

Einkaufen mit einer Fünfjährigen:
Clara würde so was natürlich nie tun. Clara weiß, dass man die
Sachen im Laden bezahlen muss. Sie weiß auch, dass Geld
nicht im Sparschwein wächst.

Jedenfalls haben Jochen und ich ihr das immer mal wieder
erklärt. Allerdings haben wir den Realitätstest in den vergangenen zwei Jahren weitgehend vermieden. Seit sie im Kindergarten
ist, ist Clara nur selten im Supermarkt dabei. Auch ihre Kleider
habe ich immer ohne sie besorgt. Und in letzter Zeit ziemlich oft
wieder umgetauscht: Weil das hellgrüne Shirt mit dem Prilblu-
menaufdruck an meinem Kind aussah wie Buttermilch mit Spu-
cke. Oder weil Clara die Streifen-Latzhose babymäßig fand.

Vorletzte Woche habe ich es deshalb gewagt: »Clara braucht
Schuhe, ich fahre mit ihr in die Innenstadt«, verkündete ich, als
Jochen am Freitag früher vom Büro kam und ich ihm Jette in
den Arm drücken konnte. »Na dann, viel Spaß«, sagte mein
Mann. Und grinste – so schien mir – schadenfroh.

In der U-Bahn bekam Clara einen pädagogischen Schnellkurs
in Sachen Konsum: »Es gibt nur Schuhe«, schärfte ich ihr ein.
»Keinen Glitzerring. Auch keine Kindersonnenbrille. Nur
Schuhe, okay. Und höchstens noch ein Eis.«

Tatsächlich verlief das Schuheaussuchen überraschend reibungslos. Das dunkelrote Glattledermodell gefiel meiner Tochter gleich. Es hatte zwar keine Klappersohle, wie Clara sie normalerweise favorisiert, aber dafür einen Verschluss mit
aufgenähtem rosa Herz, was das Manko mit der Sohle offenbar
wieder wettmachte. Jedenfalls hatte mein Kind keinerlei Ein-
wände, als ich zu der Verkäuferin sagte: »Die nehmen wir!«

Ich beauftragte Clara mit Bezahlen und schlenderte noch etwas in der Damenschuhabteilung herum. Mit einem Ohr konnte ich hören, wie meine fünfjährige Tochter die Verkäuferin davon in Kenntnis setzte, dass ihre Freundin Hanna auch Schuhe mit Herzen drauf habe. Und dass Hanna meint, Schuhe mit Ledersohlen würden zwar schön klappern, seien aber unpraktisch, weil man damit auf nassen Blättern ausrutsche. Und dass Mama das ja schon mal passiert sei. »Und weißt du, da hatte sie Jette im Bauch. Und musste ins Krankenhaus – zur Beobachtung ...«

»Aha«, sagte die Schuhverkäuferin. Ich staunte nicht schlecht über die weisen Worte meiner Tochter und stellte die Slingpumps mit Highheels und Ledersohle sofort schuldbewusst zurück.

Als wir wieder draußen waren, fiel mir ein, dass wir noch einen Gürtel brauchten für die Hosen ohne Latz. Clara merkte dazu lediglich an, dass der Gürtel rot sein müsse, damit er zu den Schuhen passe. Ich wunderte mich immer mehr: Meine Clara war ja eine echte Profi-Shopperin. Von wem hatte sie das bloß?

Den Gürtel fanden wir schnell bei einer schwedischen Bekleidungskette. »Und jetzt gehen wir Kaffee trinken«, sagte ich.

Wir landeten in einer Eisdiele. Und irgendwie war es richtig schön mit uns beiden Kaffeetanten. Auch Clara schien unsere exklusive Zweisamkeit zu genießen und schaute immer wieder zufrieden auf die rote Tüte mit den Schuhen. Schließlich teilte sie mir zwischen zwei Löffeln Eis mit: »Du Mama, wenn ich mal groß bin, werde ich Sachenverkäuferin.«

Einkaufen mit der ganzen Familie:
Jochen macht sich – wie die meisten Männer – nicht viel aus Einkaufen. Es sei denn, es handelt sich um Bücher oder Wein. Wenn er aber neue Kleider braucht, will er vor allem, dass es schnell geht – und er will mich dabeihaben: »Dir soll ja auch gefallen, wie ich aussehe.«

So kann man unsere Familie in größeren Abständen samstags bei Münchner Herrenausstattern antreffen. Das letzte Mal im Mai. Jochen wollte einen Sommeranzug, was Sandfarbenes mit Streifen. Ich fand, dass dazu ein rosa Hemd gut aussehen würde. Aber Jochen war eher für Bleu. Und während ich konzentriert darüber nachdachte, wie ich meinen Mann zu etwas Modemut überreden könnte, vergaß ich ganz, nach den Kindern zu sehen.

Clara war da – sie saß 20 Meter weiter und sortierte Herren-Schuhe nach der Beschaffenheit ihrer Sohlen.

Aber Jette? Wo war Jette?! Schlagartig wurde mir klar, wie sich Eltern fühlen, deren Kinder in Einkaufszentren mit »der kleine Leon sucht seine Mama« ausgerufen werden. Sie fühlen sich grässlich und haben die wildesten Kinderschänderfantasien!

Der Verkäufer alarmierte die anderen Verkäufer: Ein kleines Mädchen mit Pippi-Langstrumpf-Zöpfen werde vermisst. Jochen und ich durchforsteten den Laden.

Nach zwei Minuten (die sich anfühlten wie 20) fanden wir unser Kind. Es saß unter den Businessanzügen, Größe 54. Und zupfte Fädchen aus dem Teppich. Und es tat, als sei Fädchen-zupfen unter Businessanzügen das Normalste von der Welt.

Nach diesem Schreck hatte Jochen keine Lust mehr auf Einkaufen: Er nahm den Anzug, das rosa Hemd und die Kinder. Und sagte, ich könne ja noch ein bisschen allein bummeln.

Eine fantastische Idee! Bummeln ist nämlich etwas völlig anderes als Einkaufen. Oder Besorgungen machen. Bummeln ist der pure Luxus – wenn man zwei kleine Kinder hat. Und bummeln beruhigt. Zumindest mich.

Als ich Stunden später nach Hause kam, hatte ich zwar außer einer türkisfarbenen Ansteckblume für 2,95 Euro nichts gekauft, war aber bester Laune.

»Na, war's schön?«, fragte Jochen. »Ja«, sagte ich, »und was habt ihr gemacht?«

»Och«, sagte Jochen, »wir sind auch eben erst nach Hause gekommen.« »Wieso«, fragte ich, »warst du noch shoppen?«

»Nein«, sagte Jochen, »aber du hattest die Parkkarte vom Park-
haus in der Tasche. Und dein Handy war aus. Und ich habe fast
eine Stunde gebraucht, bis ich jemanden gefunden habe, der mir
die Schranke auch ohne Parkkarte aufgemacht hat ...«

Trotzdem: Ich finde, das rosa Hemd steht Jochen super!

Kommt, wir müssen los!

Wer mit zwei kleinen Kindern von A nach B will, braucht nicht nur das richtige Vehikel. Sondern auch Organisationstalent, Geduld und eine große Tasche.

Nein, der November ist kein besonders liebenswerter Monat. Ich mag ihn trotzdem. Ich finde sogar: Dieser Monat entspannt ungemein! Anders als im Juni, Juli oder August sind wir mit unseren Kindern nämlich kaum unterwegs. Wir fahren nicht mal kurz zum Baggersee. Oder raus aufs Land. Wir fahren auch nicht in den Urlaub. Und anders als im Dezember müssen wir nicht ans andere Ende der Stadt, weil dort angeblich der schönste Weihnachtsmarkt von ganz München ist.

Nein: Wir bleiben zu Hause, trinken Kakao, spielen das neue Memory, in dem der kleine Maulwurf, der wissen wollte, wer ihm auf den Kopf gemacht hat, gleich zweimal vorkommt. Und versichern uns, wie grässlich es jetzt draußen ist. Und dass wir in den nächsten Stunden sicher nicht von A nach B wollen.

Es ist nämlich so, dass Eltern, die mit kleinen Kindern die häusliche Umgebung verlassen, vor zwei überaus komplizierten Fragen stehen.

Die erste Frage lautet: Was packe ich ein, bevor ich A verlasse?
Menschen ohne Kinder würden auf diese Frage wahrscheinlich antworten: ein Portemonnaie und den Schlüsselbund. Mich

hingegen kann man schon von weitem an meinen Handtaschen erkennen. Auch dann, wenn gerade kleine Unterarmmodelle modern sind: Ich habe immer Taschen, die man schräg umhängen kann. Ich habe immer Taschen, die groß sind. Und ich habe immer Taschen, die proppenvoll sind! In der Regel führe ich nämlich Folgendes mit mir: eine rosa Trinkflasche mit dem Konterfei von Prinzessin Lillifee (Must-have von Clara) und eine grüne Trinkflasche mit vier diabolisch grinsenden Käfern (Must-have von Jette), zwei Windeln, Feuchttücher, eine halbe Packung Butterkekse (Konsistenz: krümelig), zwei altersschwache Pixibücher, eine Plastiktüte mit einem angebissenen Apfel von vorgestern, gebrauchte Papiertaschentücher (weil Jette Nasenbluten hatte und gerade kein Mülleimer da war), eine Bastelarbeit aus angemalten Klorollen (Altlast aus dem Kindergarten), drei Haarklämmerchen (drückten Jette unterm Fahrradhelm), eine Kinderarmbanduhr (drückte Clara unterm Handschuh) ...

Das ist viel, finden Sie? Das ist noch gar nichts, meine ich. Denn oben genannte Aufzählung ist lediglich eine Basisausrüstung, die ich dabeihabe, wenn ich mit den Kindern zum Gemüsemann will. Oder zum Spielplatz. Oder zum Kinderarzt.

Fahren wir über Nacht weg, etwa zu Freunden auf den Bergbauernhof, wird die Logistik richtig kompliziert: Clara braucht zum Einschlafen die Spieluhr, die »Lalelu« spielt, Jette bevorzugt neuerdings »La vie en rose«. Außerdem dürfen wir keinesfalls das Schmusetuch vergessen und den einäugigen Stoffhasen. Auch nicht die Gummistiefel (Regenfront in den Bergen), die Sonnencreme (Hitzewelle in den Bergen), den Kinderschlafsack (Kälteeinbruch in den Bergen). Und, verdammt, wo ist das Reisebett, etwa noch verliehen – bei Jutta, Inge, Ricarda?

Kurz: Wenn wir übers Wochenende wegfahren wollen, muss ich immer schon am Donnerstagabend packen. Denn würde ich erst Freitag anfangen, würde das so lange dauern, dass wir garantiert mit unserem Auto in den dicksten Feierabendstau geraten würden und erst um Mitternacht ankämen.

Apropos Auto – dieses Stichwort führt mich schon zur zweiten komplizierten Frage, die sich immer wieder stellt, wenn meine Familie aus dem Haus geht.

Diese zweite Frage lautet: Wie komme ich am besten nach B, wenn ich A verlassen habe?
Kürzere Strecken bin ich lange am liebsten zu Fuß gegangen. Das ging einigermaßen flott: Wenn Jette im Kinderwagen saß und Clara auf dem Kiddyboard stand, war es durchaus möglich, die Versorgungstour zum Drogeriemarkt in 35 Minuten hin und zurück zu erledigen. Schon seit längerem will Clara aber nicht mehr auf dem Kiddyboard stehen oder nebenherlaufen. Sie will Fahrrad fahren, und zwar selber.

Und Jette will nicht mehr im Kinderwagen sitzen; stattdessen hat sie rausgefunden, wie der Schnappverschluss vom Anschnallgurt funktioniert. Ausflüge mit dem Kinderwagen sind für mich seither gleichbedeutend mit Von-einer-Ohnmacht-in-die-andere-fallen. Denn wenn Clara mit ihrem Fahrrad nicht gerade auf dem Gehweg einen ahnungslosen Passanten rammt, dann ist Jette garantiert dabei, sich während der Fahrt aus der Karre zu stürzen. Beides jagt meinen Adrenalinspiegel nach oben.

»Nimm doch den blauen Klaus«, sagt Jochen deshalb in letzter Zeit immer öfter. Der blaue Klaus ist unser Auto. Es heißt so, weil es so blau ist, dass einem fast die Augen wehtun (im Kaufvertrag steht zwar »kaskadenblau«, ich halte das aber für eine völlige Verharmlosung).

Doch mal abgesehen von der Farbe: Chauffeurdienste mit dem blauen Klaus finde ich mindestens so anstrengend wie zu Fuß zu gehen. Sobald die Fahrt länger als fünf Minuten dauert, fangen meine beiden Mitfahrerinnen auf dem Rücksitz nämlich an, sich schrecklich zu langweilen und mit ihren Thermostiefeln gegen den Vordersitz zu treten. Und weil mich das Rumgerumpel ziemlich nervös macht, suche ich fieberhaft nach Ablenkungsmanövern.

Doch jeder, der schon mal versucht hat, gleichzeitig auf den Großstadtverkehr zu achten und »Ich-sehe-was-was-du-nicht siehst« zu spielen, weiß, dass das lebensgefährlich ist. Neulich habe ich bei einer solchen Aktion die Bremse und das Gaspedal verwechselt. Hinter mir war ein Porsche. Der Fahrer stieg erst in die Eisen und zeigte mir dann einen Vogel. Ich konnte das verstehen!

Der blaue Klaus ist mir also nicht wirklich eine Hilfe, wenn ich mit den Kindern irgendwohin will. Und schon gar nicht, wenn es darum geht, weitere Strecken zurückzulegen – zum Beispiel zu Oma und Opa in die Lüneburger Heide.

Als Clara ganz klein war, bin ich ein paar Mal geflogen: München–Hannover. Das war eine schnelle und relativ preisgünstige Sache, denn Babys fliegen frei. Allerdings wissen Babys auch noch nicht, wie man einen Druckausgleich macht. Und das bedeutet bei einem Stillkind: Bei Start und Landung braucht es die Brust. Eigentlich kein Problem, sollte man meinen.

Nachdem ich aber gleich bei meinem ersten Flug zwischen zwei nadelgestreiften Geschäftsmännern gesessen hatte, war meine Unbefangenheit dahin. Nicht nur, weil sich die beiden mit ihren Handelsblättern auf den Armlehnen so breitmachten, dass ich auf dem Mittelplatz mit meinem Kind auf dem Schoß kaum noch Luft kriegte. Sondern auch, weil ich bei der Vorstellung, dass ich im nächsten Moment statt der Tageszeitung meinen Still-BH öffnen sollte, Schweißausbrüche bekam.

Später erzählte mir eine Flugbegleiterin, dass die amerikanischen Airlines große Umhänge bereithalten, um Müttern und Mitreisenden diese Peinlichkeit zu ersparen. Keine Ahnung, ob das stimmt.

Inzwischen werden meine Kinder nicht mehr gestillt, das Fliegen haben wir trotzdem weitestgehend eingestellt. Denn jetzt kosten auch die Kinder, wenn sie in die Luft gehen.

Was bleibt? Sie ahnen es schon. Genau: die Deutsche Bahn. Bei der Deutschen Bahn zahlen unsere Kinder gar nichts. In den Zügen der Deutschen Bahn haben wir auch die Möglichkeit, uns die Beine zu vertreten. Und: Bei der Deutschen Bahn gibt es so praktische Einrichtungen wie Kleinkind-Abteile. In diesen Abteilen können Kinder Krach machen, ohne dass Mitreisende streng über ihre Brillen gucken. Sie treffen meistens andere Kinder, die Krach machen. Und ihre Eltern treffen andere Eltern, mit denen sie über ihre Krach machenden Kinder ins Gespräch kommen – so geht auch eine Fünfstundenfahrt relativ schnell vorbei.

Das Problem mit den Kleinkind-Abteilen: Egal, wie zeitig wir reservieren, auf der Strecke München–Hannover sind sie fast immer ausgebucht. Und: In manchen Hochgeschwindigkeits-zügen gibt es sie gar nicht mehr. Da gibt es stattdessen soge-nannte Multifunktionsabteile: In diesen Abteilen dürfen nicht nur Menschen sitzen, die mit Kleinkind unterwegs sind, erlaubt ist auch die Funktion »Mensch mit Laptop«. Oder die Funktion: »Wandersmann mit Leberwurstbrot«. Oder: »Soldat mit Wäschesack«.

Ob das für uns eine Verbesserung ist? Ehrlich gesagt, bin ich noch nicht oft genug in einem Multifunktionsabteil unterwegs gewesen, um mir ein differenziertes Urteil erlauben zu können – sie sind nämlich genauso oft ausgebucht wie die Kleinkind-Abteile.

Vielleicht können Sie jetzt verstehen, warum ich den No-vember so mag: Ich muss mir keine Gedanken über die Funk-tion von Multifunktionsabteilen machen. Ich muss auch nicht zu früher Stunde vor Lebensmitteldiscountern Schlange ste-hen, um billige Tickets zu ergattern. Ich muss keine Reisebet-ten suchen. Und keine Großraumkoffer packen. Ich kann ein-fach zu Hause bleiben und habe nicht mal das Gefühl, etwas zu verpassen.

Na ja – ab und zu gehe ich natürlich doch vor die Tür: um unseren Kühlschrank aufzufüllen. Zur Arbeit zu fahren. Oder mich mit meiner Freundin Susa zu treffen.

Letzte Woche zum Beispiel waren wir mal wieder aus. Wir tranken zwei, drei Gläschen Wein, und es war sehr lustig. Bis die Rechnung kam. Da stellte ich nämlich fest, dass ich alles dabeihatte: zwei Windeln, die Trinkflasche mit den diabolischen Käfern, einen Plastikbeutel mit angenagten Äpfeln, das Klorollenkunstwerk, drei Haarklämmerchen – bloß kein Portemonnaie!

Also, wir machen das immer so ...

Rituale halten das Leben zusammen, sie geben Leuchtzeichen im Chaos, sie beruhigen ungemein. Deshalb pflegen und feiern wir sie. Nicht nur zur Weihnachtszeit!

Gestern war ich im Keller. Ich habe Maria und Josef gesucht. Und den Holzesel. Die Kuh, die so melancholisch guckt. Den Hirten mit dem abgebrochenen Arm. Das zauselige Schaf. Und natürlich das Jesuskind, das mir immer ein bisschen leidtut, weil es irgendwie nicht so richtig zur Familie zu gehören scheint. Denn es ist größer als die Kuh.

Ich fand alle zusammen zwischen rotem Seidenpapier in einem Schuhkarton. Obendrauf lag noch ein Stück Baumrinde und zwei Hühner vom Lego-Bauernhof.

Als ich den Schuhkarton hochtrug, hatte ich ein froh-vertrautes Gefühl: Jetzt würde alles so sein wie jedes Jahr im Advent. Erst mal würde ich die ganze Heilige Familie abstauben. Vor allem das Jesuskind soll schließlich sauber und ordentlich sein, wenn es Heiligabend in der Mitte der Krippe Platz nimmt.

Irgendwann in den nächsten Wochen würde Jochen, mein Mann, dann mit den Kindern in den Wald gehen und Moos sammeln. Und ich würde das Bilderbuch mit der Weihnachtsgeschichte heraussuchen, in dem man die Tür vom Schafstall aufklappen und ganze Berge verrücken kann.

Und schließlich, kurz vor Heiligabend, würden wir alles auf unserer Fensterbank aufbauen: unten das Moos, oben das Baumrindendach, dazwischen die melancholische Kuh und das moppelige Jesuskind und drum rum eine schöne kitschige Lichterkette.

Ja, ich gebe es zu: Unsere Krippe ist nicht gerade designpreisverdächtig. Tatsächlich wollte ich auch schon mal ein neues Jesuskind kaufen, eines, das kleiner ist und richtig zu Maria und Josef passt. Ich wollte dem Hirten auch einen neuen Arm schenken und hatte in den Gelben Seiten nach entsprechenden Stichworten gesucht: Aber natürlich gab es weder einen »Krippenreparaturdienst« noch etwas Vergleichbares.

Jochen ist ohnehin gegen meine Modernisierungsmaßnahmen. Er stammt aus einer katholischen Gegend und hat das Krippenritual in unsere Familie gebracht. Das Jesuskind im XL-Format und der einarmige Hirte sind Erbstücke von seiner Oma Josefine. Und weil Jochen und Josefine sich sehr mochten, soll die Krippe so bleiben, wie sie ist – findet mein Mann.

Clara und Jette finden das auch. Was mich nicht wundert. Denn unsere Kinder lieben Rituale. Und das nicht nur zur Weihnachtszeit. Manchmal mache ich mir deshalb schon fast Sorgen, denn ich frage mich, ob es normal ist, dass eine Fünfjährige jeden Abend vor dem Schlafengehen vier Plastikflaschen mit lauwarmem Wasser füllt – um sie dann auf den vier Pfosten ihres Hochbetts zu verteilen. Mit ins Bett muss außerdem die neongrüne Anziehmaus, ein Stapel Bilderbücher, der Zauberstab von Prinzessin Lillifee und eine kleine Spielzeugtaschenlampe. Ich glaube, Clara meint, sie würde jede Nacht eine weite Reise machen – so wie Max in dem Buch mit den wilden Kerlen – und dafür müsse sie gerüstet sein. Sollte sie allerdings demnächst von mir verlangen, dass ich ihr, wie Max' Mama, ein warmes Essen neben das Bett stelle, werde ich ein Machtwort sprechen.

Auch Jette hat ihre Spleens. Oder sagen wir: eine ausgeprägte Vorliebe für Wiederholungen. So isst sie grundsätzlich nur dann Kartoffelbrei, wenn ich ihn in der Picknick-Plastikschüssel mit den rosa Blumen serviere. Und bei Ausflügen führt sie stets ein blau-weiß-gebatiktes Täschchen mit sich: Darin befindet sich ein kleiner roter Herzschlüsselanhänger, ein leerer Chanel-Lippenstift und ein Kinder-Handy, das Griechisch spricht.

Ritualcharakter hat auch das Verhalten unserer Tochter, wenn ich ankündige, es sei Zeit zum Zähneputzen. Dann flitzt sie wie von der Tarantel gestochen los und versteckt sich in der Wäschetonne.

Ich halte das für eine simple Verzögerungstaktik. Jochen meint aber, dieses Verhalten habe einen tieferen Sinn: Rituale seien für Menschen – und für kleine ganz besonders – wichtig, weil sie das Leben berechenbarer machen. Und weil sie ein Gefühl von Sicherheit, Orientierung und Beständigkeit vermitteln.

Zwar frage ich mich, inwiefern eine dunkle Wäschetonne einer Zweijährigen die Orientierung erleichtern kann – grundsätzlich aber muss ich meinem Mann Recht geben: Rituale helfen im jederzeit vom Chaos bedrohten Alltag mit zwei Kindern ungemein. Sie sind wie kleine Leuchtbojen – an einem Ritual kann man sich festhalten, man kann kurz ausruhen und dann gucken, wie es weitergeht.

Ich zum Beispiel wäre morgens überhaupt nicht zu gebrauchen, wenn ich nicht meine halbe Stunde hätte. Diese 30 Minuten, bevor die Kinder aufwachen, zelebriere ich mit meiner Kaffeetasse im Bett. Ich lese vorn den Aufmacher der Tageszeitung und hinten in der Klatschspalte, welche Kronprinzessin gerade wieder schwanger ist.

Erst dann bin ich im Stande, vier Frühstücksbrettchen und die dazugehörigen Tassen ordnungsgemäß auf den Tisch zu stellen, mich mit der Frage meines Mannes zu beschäftigen, ob das blau gestreifte Hemd zu dem braunen Cordanzug passt.

Jochen hat, soweit ich weiß, kein Tagesbegrüßungsritual. Dafür hat er aber ein sehr schönes Sommerabschiedsritual mit in die Ehe gebracht: Seit wir uns kennen, fahren wir jedes Jahr im Spätsommer an den Ammersee. Wir haben dort eine kleine einsame Badestelle. Dort springen wir alle nochmal ins Wasser und sagen dem Sommer Ade. Danach picknicken wir am Ufer Mozzarella-Tomaten mit Basilikum, beschimpfen die eine oder andere Wespe, die mit picknicken will, und gucken gemeinsam zu, wie sich der See langsam im Abendrot färbt. Das ist immer sehr romantisch.

Dieses Jahr konnten wir den Sommer nicht ordnungsgemäß verabschieden, denn der Sommer war gar nicht richtig da. Er fiel auf einen Mittwoch, behauptet Jochen. Und diesen Mittwoch haben wir vor lauter Regen wohl verpasst. Jedenfalls fand unser Sommerabschieds-Bade-Picknick am Ammersee nicht statt. Und Jochen war deshalb wochenlang ziemlich betrübt.

Inzwischen ist seine Stimmung wieder besser. Und ich bin mir sicher, das hat auch mit Weihnachten zu tun. Und mit der Tatsache, dass es zu Weihnachten jede Menge Rituale gibt: zum Beispiel Josefines Krippe, von der bereits die Rede war.

Oder auch das Weihnachtsbaumaussuchen.

Seit wir Kinder haben, kaufen wir unsere Tanne am liebsten auf dem Land beim Bauern. Wir laufen ein bisschen herum zwischen den Weihnachtsbäumen. Und während wir diskutieren, ob der große stattliche aus der dritten Reihe zu Hause noch neben unser rotes Sofa passt, oder ob wir nicht doch lieber den kleinen knuffigen mit der Doppelspitze nehmen sollen, müssen wir damit rechnen, dass Clara komplizierte Fragen stellt: Letztes Jahr wollte sie wissen, ob Maria und Josef und das Jesuskind auch einen Weihnachtsbaum hatten, damals in Bethlehem.

Wir haben dann im Zieh-und-Klapp-Bilderbuch[6] nachgeschaut. Dort gibt es alles Mögliche: Schafe und Sterne und Hügel mit Zypressen – ein richtiger Tannenbaum ist aber in und um Bethlehem weit und breit nicht zu sehen. Und schon gar keiner, an dem Glitzerkugeln, strubbelige Holzengelchen und Süßkram herumhängen.

Dieses Jahr wird Clara vermutlich wissen wollen, warum wir uns überhaupt mitten im Winter einen Baum in die gute Stube stellen. Und ich fürchte, es wird nicht einfach, ihr zu erklären, was ein »heidnischer Brauch« ist.

Ich schätze an der Adventszeit ja besonders das Geschenke-Einpacken. Ich mache das immer am letzten Sonntag vor Weihnachten. Und meistens denke ich mir ein Einpackmotto aus: Voriges Jahr habe ich simples Packpapier genommen, Weihnachtsbäume und Rentiere aus Tonpapier draufgeklebt, drum rum ein bisschen Blumenbast – schön!

Das Geschenke-Einpack-Ritual soll ursprünglich mal eine hygienische Vorsichtsmaßnahme gewesen sein: Jahrhundertelang, so las ich, sei es verpönt gewesen, eine Gabe von Hand zu Hand zu reichen, weil der Beschenkte damit auch einen Haufen fiese Krankmacher »geschenkt« bekommen hätte.

Ich würde heute eher behaupten, dass das Geschenke-Einpack-Ritual eine Müttererholungsmaßnahme in der oft hektischen Vorweihnachtszeit ist. Denn immer, wenn ich Geschenke einpacke, kann ich ruhigen Gewissens für geraume Zeit die Tür hinter mir zumachen und den Rest der Familie mit dem Hinweis auf Abstand halten, dass ich jetzt eine wichtige Besprechung mit dem Weihnachtsmann habe.

Oft trinke ich dazu Orangenpunsch mit Zimt und Nelken und einem ordentlichen Schuss Rum und höre Weihnachtslieder von Ella Fitzgerald – aber nur ganz leise. Denn ich bin mir nicht hundertprozentig sicher, ob der Weihnachtsmann diese Art von Musik mag. Und es wäre ja schade, wenn er deshalb ginge, bevor wir alles Wichtige besprochen haben, oder?

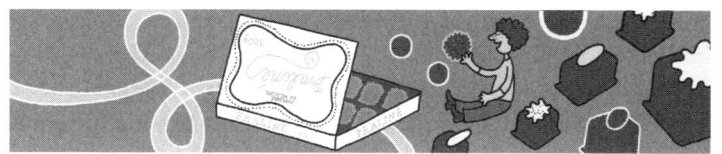

Mama, das smeckt nich!

Zwei Fragen beschäftigen mich: Warum ist es so schwer, ein bisschen Gesundheit in zwei kleine Kinder reinzukriegen? Und noch viel schwerer, das mit Anstand zu tun?

Haben Sie schon mal Chilischokolade gegessen? Die schmeckt irre: süß und scharf und sehr exotisch. Ich liebe Chilischokolade. Allerdings esse ich sie meistens heimlich. Und Sie dürfen es auch nicht weitersagen. Denn wäre ich eine öffentlich bekennende Chilischokoladen-Esserin, wäre ich für meine Töchter unglaubwürdig. Und wo kämen wir hin, wenn Süßkram für kleine Mädchen einfach so erlaubt wäre …

»Wahrscheinlich kämen wir dahin, dass unsere beiden Mädels sich eine Woche lang mit Schoki und Bonbons voll stopfen würden – und dann bloß noch eins wollen: eine schöne frische Karotte«, meint Jochen, mein Mann.

Ich bin gegen diesen Feldversuch. Ich glaube einfach nicht an die Theorie, dass Kinder von Natur aus vernünftig essen wollen. Ich glaube, dass die allermeisten Kinder auf ihrer DNA ein Nutella-Pommes-Gummibärchen-Gen haben. Und dass ihre Mütter vom Kampf um ein bisschen Gesundheit manchmal so erschöpft sind, dass sie ganz dringend ein paar Rippen Chilischokolade brauchen.

Dabei habe ich mir am Anfang wirklich Mühe gegeben: Ich habe beide Mädchen zehn Monate lang gestillt. Denn gestillte

Babys – das ist ja bekannt – ernähren sich ziemlich gesund. Ich habe mir Bücher zugelegt, in denen steht, wie man aus einem langweiligen Butterbrot ein lustiges Frischkäse-Gurken-Tomaten-Brotgesicht macht. Ich habe Frühstücksbrettchen mit Nikoläusen drauf gekauft. Dazu so praktische Dinge wie Apfelschneider, mit denen man in null Komma nichts aus einem ganzen Cox Orange mit Gehäuse einen geachtelten Cox Orange ohne Gehäuse machen kann.

Ich war sogar so optimistisch, eine schicke und luftdicht verschließbare Apfel-Box zu kaufen, damit ich die gesunde Kost mit auf den Spielplatz nehmen konnte.

Doch was musste ich dort feststellen? Meine Kinder wollten keine Cox-Orange-Achtel. Stattdessen klauten sie ihren Sandkastennachbarn bei der ersten Gelegenheit Butterkekse.

Inzwischen sitze ich nur noch selten auf Spielplätzen. Und meine Kinder sind nicht mehr so wild auf Butterkekse. Denn sie waren mittlerweile auf verschiedenen Kinderfesten und wissen, dass es noch viel tollere ungesunde Sachen gibt: Fruchtgummis mit Zuckermantel zum Beispiel oder Brausestäbchen oder Klapplollis, die auch den stabilsten Milchzahn kleinkriegen.

Manchmal, ich gebe es zu, nasche auch ich ein bisschen davon: Das Zeug schmeckt herrlich nach Kindheit. Denn – und das bestätigt meine These vom Gummibärchen-Gen – es ist ja nicht so, dass wir früher nicht wild auf Süßes gewesen wären.

Einer meiner Brüder, Henning, bewies bei der Beschaffung von Nachschub besonders viel Raffinesse: Einmal hatte meine Mutter eine sehr feine und sehr große Schachtel mit belgischen Pralinen gekauft. Die Schachtel war weiß mit Goldaufdruck, drum herum eine Zellophanhülle und eine dicke Schleife. Ich weiß das noch genau, denn die Schachtel stand mindestens zwei Wochen auf dem Küchenschrank – eine einzige Provokation!

Irgendwann wollte meine Mutter das gute Stück dann verschenken – und war irritiert: Fühlte sich die Schachtel für 300

Gramm Pralinen nicht ziemlich leicht an? Sie entfernte die Hülle, guckte rein und sah: weit und breit kein einziges Praliné.

Meine Mutter ging zurück in den Laden und reklamierte die leere Schachtel. Sie bekam eine volle als Ersatz.

Jahre später kam die Wahrheit ans Licht. Der Grund für die leere Schachtel war kein Produktionsfehler. Sondern mein Bruder Henning, damals sechs Jahre alt. Ihm war es gelungen, die Zellophanhülle samt Schleife abzumachen, ein gutes halbes Pfund Pralinen zu verdrücken und die Verpackung danach perfekt zu rekonstruieren. Für einen Kindermagen und zwei Kinderhände eine beeindruckende Leistung, finde ich.

Ganz so weit sind Clara und Jette noch nicht. Allerdings entdecke ich immer mehr Parallelen zwischen meiner jüngeren Tochter und meinem älteren Bruder, zumindest, was das Essverhalten angeht. Ähnlich wie Onkel Henning, der zwar Pralinés im Akkord vertilgen konnte, das Kauen und Runterschlucken eines ausgewogenen Mittagessens jedoch für Zeitverschwendung hielt, schafft es auch Jette immer wieder, dass ich mich wie die schlechteste Köchin aller Zeiten fühle: Nudeln mit roter Soße, Rührei ohne Petersilie und Kartoffelbrei mit Buttersee sind genehm. Alles andere kommentiert unser jüngstes Familienmitglied erst einmal mit »Smeckt nich«.

Nun haben Jochen, Clara und ich aber keine Lust, ständig nur Nudeln mit roter Soße zu essen. Wir fänden auch Nudeln mit weißer Soße und dem einen oder anderen Pfifferling, Schinkenwürfel oder Lachsstreifen ganz nett. Oder Soße ohne Nudeln. Dafür mit Gemüse. Oder Auflauf. Da wir zu dritt und in der Mehrheit sind, sieht die Sache für Jette langfristig eher schlecht aus.

So viel zur inhaltlichen Seite unserer kulinarischen Gewohnheiten.

Aber es geht nicht nur darum, was wir essen. Sondern auch, wie. Und das treibt mich fast noch mehr um. Seit wir unsere Kinder haben, stellen Jochen und ich eine Verrohung der Sitten vor allem bei den gemeinsamen Mahlzeiten fest. Es ist nicht so, dass wir ein Candlelight-Dinner mit Fischbesteck, Servietten-ringen und langstieligen Weinkelchen anstrebten. Ein bisschen Stil beim Essen würde Jochen und mir trotzdem gefallen.

Doch unser Bemühen um gute Manieren wird oft torpediert.

Clara zum Beispiel isst zwar sehr ordentlich mit Messer und Gabel. Sie hat aber die Angewohnheit, uns zwischen zwei Bissen Käsebrot und einer gevierteilten Tomate sämtliche Ereignisse eines Kindergartentages zu erzählen.

Dass Hannah neue rosa Lackschuhe hat und die kleine Lisa-Marie Ebenenverbot, weil sie die Bauklötze von oben runtergeschmissen hat, ist jedoch nur schwer verständlich, wenn die phonetische Produktion des Wortes »Klotz« und des Wortes »Schuh« durch ungefähr dreizehneinhalb Sonnenblumenbrotkörner behindert wird. Außerdem finde ich es unappetitlich, wenn die Wörter mit der dreifachen Frequenz aus dem Mund wollen wie die Brotbissen rein.

Jette redet auch viel, aber seltener mit vollem Mund (sie isst ja eher wenig). Trotzdem erweist sie sich bei Tisch als völlig kniggeuntauglich, denn sie lässt Quarkbrote in einem unbeobachteten Moment unter dem Tisch verschwinden. Und gießt – wenn wir nicht aufpassen – auch noch einen Becher »Pur« hinterher. »Pur« bedeutet für Jette: Saft ohne Wasserverdünnung. Und für mich: Saft, der richtig klebt.

Diese Gepflogenheiten stressen Jochen und mich: Entweder ist es laut und unruhig, weil alle durcheinanderreden. Oder weil einer gerade mal wieder aufspringt, um das Salz zu holen, den Lappen oder neues »Pur«. Manchmal ist es so hektisch, dass ich mich nach dem Essen frage, ob ich jetzt eine oder zwei Scheiben Brot gegessen habe. War Käse drauf oder Salami? Oder waren es vielleicht doch Nudeln mit roter Soße?

Neulich waren wir übers Wochenende bei meinen Schwiegereltern. Auf der Rückfahrt dachte ich übers Abendessen nach:

Die Kinder waren müde, das Stresspotenzial hoch. Hatten wir überhaupt noch was im Kühlschrank? Na ja, Nudeln sind immer da – och nö, nicht schon wieder …

Während ich sinnierte, sah ich an der Autobahn das Schild einer bekannten amerikanischen Fastfood-Kette. Da könnten wir doch mal hingehen!

Das taten wir. Während wir aßen, passierte, was immer passiert, wenn zum Essen auch was getrunken wird: Clara musste aufs Klo.

Ich hasse Restaurant-Toiletten. Deshalb schicke ich immer Jochen, wenn Clara muss. Jochen hasst Restaurant-Toiletten auch, zumindest, wenn er unsere Tochter dabeihat. Er sagt, er wisse dann nie, wo er hingehen solle. Geht er mit Clara aufs Damenklo, schauen die Frauen komisch. Geht er aufs Männerklo, schaut Clara komisch.

Jochen erbarmte sich trotzdem. Und ich verputzte die Pommes. Jette war satt und spielte Türen auf- und zumachen.

Doch gerade als ich die letzten Pommes in den Mund schob, hörte ich lautes Schmerzgeheul: Jette hatte sich den Finger eingeklemmt – und zwar so sehr, dass wir in der Notaufnahme eines Krankenhauses landeten. Einzelheiten erspare ich Ihnen. Nur so viel: Es war ein Riesenzirkus mit viel Geschrei.

Als wir endlich zu Hause waren, sagte Jochen: »Vielleicht hätten wir heute Abend doch noch mal Nudeln mit roter Soße machen sollen.«

»Ja«, antwortete ich matt, »vielleicht.« Und dann brauchte ich dringend zwei Rippen Chilischokolade.

Orte des Grauens, Orte des Glücks

Menschen mit Kindern haben andere Verbreitungsgebiete als Menschen ohne Kinder. Hier ein Ranking meiner alltäglichen Belustigungsstätten.

Wenn Leute Kinder kriegen, verändert sich bekanntlich vieles: Plötzlich werden aus Menschen, die einst notorische Langschläfer waren, Menschen, die man noch vor dem Frühstück bedenkenlos anrufen kann. Plötzlich fahren Menschen, die früher kleine schicke Sportwagen liebten, raumgreifende Vans. Und plötzlich haben diese Menschen, die man dann Eltern nennt, auch ganz neue Verbreitungsgebiete.

Ich jedenfalls stelle fest, dass sich meine Familie heute gehäuft an Stätten aufhält, für die Jochen und ich in kinderlosen Zeiten nur wenig übrighatten. Oder von denen wir nicht mal wussten, dass es sie gibt. Hier meine ganz persönliche Hitliste:

Platz 5: Das Kinderschwimmbecken
Ich habe nicht grundsätzlich etwas gegen Schwimmbäder. Ich bin sogar eine ganz passable Schwimmerin. Unsere beiden Mädchen allerdings beherrschen bisher nur die Disziplin des schwimmflügelgestützten Hundepaddelns. Das bedeutet: Ich muss mit ihnen in den Nichtschwimmerbereich. Und genau das ist mein Problem: Kinderbecken in öffentlichen Schwimmbädern sind nämlich erstens so flach, dass ein Mensch über 1,50

Meter keinen vernünftigen Schwimmzug machen kann. Zweitens sind sie voll mit kleinen Kindern, die ihren Begleitpersonen in die Weichteile treten. Und drittens sind sie vermutlich auch noch voll mit ganz anderen Dingen. Ich jedenfalls muss immer, wenn ich mich im Kinderplanschbecken befinde, an eine Fernsehreportage denken. Dort wurden große und kleine Menschen von einem Spaßvogel im Schwimmbad gefragt, ob sie denn wüssten, dass sich seit heute eine Lösung im Wasser befände, die Pipi rot färben könne. Keine Ahnung, ob es diesen Pipi-Indikator wirklich gab. Aber in der Reportage konnte man deutlich sehen, dass die meisten Befragten ziemlich blass um ihre nassen Nasen wurden. Seither ist mir klar: Gäbe es den Pipi-Indikator, dann wären viele Schwimmbecken wahrscheinlich rosa. Und die meisten Kinderschwimmbecken dunkelrot.

Platz 4: Der Spielplatz
Spielplätze sind Orte, an denen Kinder spielen und Eltern in der Sonne sitzen – so dachte ich, bevor ich Mutter wurde. Heute weiß ich: Es ist komplizierter. Bis ein Kind die richtige Spielplatzreife hat, müssen die dazugehörigen Erziehungsberechtigten erst mal richtig schuften: Sie müssen Einjährigen beibringen, dass der Sand nicht zum Sattessen da ist, sondern zum Buddeln. Und Zweijährigen, dass Schaufeln in die Erde gehören und nicht an den Kopf anderer Zweijähriger. Dreijährigen müssen sie erklären, dass Schaukeln schön ist – aber nur, wenn man an der Reihe ist. Und Fünfjährige müssen lernen, dass »Scheißarschloch« keine angemessene Bezeichnung für das Kind auf der anderen Seite der Wippe ist.

Natürlich, zwischendurch kann man auch mal kurz einen Blick in die Zeitung werfen. Allerdings ist die Gefahr groß, dass man gleich wieder abschweift.

Denn Spielplätze sind nicht nur Kindererziehungszentren. Sondern auch sehr beliebte Stätten der Mütterkommunikation.

Auf Spielplätzen erfährt man, wer wieder schwanger ist. Dass im »Storchennest« noch ein Platz frei ist. Warum Anjas Mann aus dem Job geflogen ist, und wo es Biogläschen ganz günstig gibt. Das alles ist nicht zu verachten, vor allem, wenn man wie ich in der Großstadt lebt und keinen Garten hat.

Trotzdem gehen mir Spielplätze manchmal auf die Nerven. Ich frage mich dann, ob es nicht eine merkwürdige Angelegenheit ist, dass mitten in der Stadt ein großes Sandloch ist, um das jede Menge Mütter herumstehen, ein paar Omas und kein einziger Mann. Und meistens sage ich dann zu Jochen: »Morgen gehst du mal auf den Spielplatz. Ich hab keine Lust.«

Jochen macht das tatsächlich. Und beim ersten Mal, als er auf den Spielplatz ging, blieb er drei Stunden weg. »Na, wie war's?«, fragte ich bei seiner Rückkehr. »Och«, sagte mein Mann, »Jette hat ein anderes Mädchen mit der Schaufel gehauen. Und Clara hat zu einem Jungen Blödkopf gesagt, weil er nicht mitwippen wollte.« »Und«, fragte ich, »was haben die Mütter dieser Kinder gesagt?« »Sie haben gefragt, ob ich alleinerziehender Vater bin. Und ob ich jetzt öfter komme«, antwortete mein Mann.

Platz 3: Der Kinderflohmarkt

Kinderflohmärkte sind im Prinzip eine gute Sache: Man kann gebrauchte Latzhosen, Roller, Skihelme für wenig Geld kaufen und – wenn man will – später wieder verkaufen. Das ist praktisch.

Kinderflohmärkte neigen allerdings dazu, eine eigene Dynamik zu entwickeln. Bei mir fängt es meist ganz harmlos an: Eigentlich will ich nur mal gucken. Und sage meiner Familie, dass ich gleich wieder da bin. Kurz darauf treffe ich dann vor der Tür des Sankt-Sowieso-Gemeindehauses fünfzig weitere Mütter, die auch sagen, dass sie nur kurz mal gucken wollen. Doch irgendwie passt ihr verbaler Gleichmut nie zu den großen Taschen, die sie bei sich tragen, und auch nicht zu ihren entschlossenen Gesichtern.

Und spätestens dann, wenn fünf Minuten später die Tür von Sankt-Sowieso aufgeht, bin ich endgültig vom Jagdfieber infiziert: Zuerst verspüre ich diesen unwiderstehlichen Drang zu drängeln. Dann mache ich mit professionellem Scannerblick einen Schnelldurchlauf durch alle Reihen.

Eine Zeit lang war mein Scannerblick ziemlich perfekt: Ich habe zum Spottpreis hinreißende Designerkleidchen gefunden, anthroposophische Püppchen, französische Streifenbodys. Doch dann habe ich nachgelassen. Ich glaube, es lag daran, dass wir irgendwann einen Haufen supersüßer Kinderkleidchen im Schrank hatten, die zuerst zu groß waren. Und dann, als sie passten, zu dünn für die Jahreszeit. Oder zu beige für Claras hellen Teint.

Vielleicht lag es auch daran, dass ich einmal beim Schnelldurchlauf einen Rieseneimer Legos gekauft hatte und dann feststellte, dass es gar keine echten Legos waren. Und dass die Knubbelknöpfe der falschen Legos nicht mit denen, die wir schon hatten, zusammenpassten. Jedenfalls stelle ich fest, dass mich Kinderbazare in letzter Zeit nur noch mäßig glücklich machen.

Platz 2: Der Schlittenhügel

Ich glaube, die meisten Menschen unterschätzen den Glücksfaktor von Schlittenhügeln. Wir haben gleich hinter unserem Haus ein perfektes Exemplar: Er ist nicht zu hoch und nicht zu niedrig. Es stehen keine Bäume im Weg. Und es gibt immer nette Väter, die neben dem Schlittenhügel einen grönlandtauglichen Iglu bauen. Und nette Mütter, die Thermosflaschen mit Früchtetee dabeihaben.

Ein guter Schlittenhügel verhilft müden Eltern nicht nur zu einer gesunden Gesichtsfarbe. Ein guter Schlittenhügel bringt einem auch ein Stück eigene Kindheit zurück. Wenn ich mit Jette im Schoß den Hügel runterdüse oder mit Clara Plastiktütenwettrennen mache, dann fühle ich mich jedenfalls immer wie Lisa aus Bullerbü. Und ich glaube, die war ziemlich glücklich.

Platz 1: Der Botanische Garten

»Och«, sagen Sie vielleicht. »Der Botanische Garten soll Sieger sein? Da ist es doch langweilig.« Nein: Für mich ist der Botanische Garten in München ein glücklicher Ort.

Das liegt zum einen daran, dass er sich direkt gegenüber der Klinik befindet, in der unsere Kinder zur Welt kamen. Damals bin ich mit meinen Wehen zwischen Farnkraut und Orchideen herumgelaufen und habe mich zwischendurch an den dicken Stamm einer Rotbuche geklammert. Immer wenn ich an den Botanischen Garten denke, muss ich an die Geburt unserer Kinder denken. Und daran, dass ich hinterher sehr, sehr glücklich war.

Doch auch wenn man gerade keine Wehen hat, ist der Botanische Garten ein wunderbarer Ort, um herumzuschlendern, Kinderfragen zu beantworten und dabei selbst was zu lernen. Wer weiß schon, dass die Venusfliegenfalle keine Leberwurstbrote mag? Oder dass Bananen zur Gattung der gut getarnten Beeren gehören? Oder dass die tropischen Schmetterlinge, die im Winter in den Gewächshäusern herumfliegen, gerne auf den Nasen von kleinen Mädchen landen? Genau, das wissen nur Leute, die in den Botanischen Garten gehen.

Neulich hatte ich Besuch von Heike. Heike ist eine alte Freundin aus Lübeck. Sie hat sich immer Kinder gewünscht. Aber nie welche gekriegt. Ich hatte Heike lange nicht gesehen. Und deshalb sagte ich: »Weißt du was, wir gehen in den Botanischen Garten. Das ist ein toller Ort, wenn man sich viel zu erzählen hat.« Also flanierten wir durch die Gewächshäuser, vorbei an Seerosen und pickeligen Kakteen. Irgendwann, es war vor einer schönen Lotusblüte, guckte Heike mich an: »Du, ich muss dir was sagen. Ich bin schwanger!«

Ich sage es ja: Der Botanische Garten ist ein glücklicher Ort. Und dabei bleibe ich.

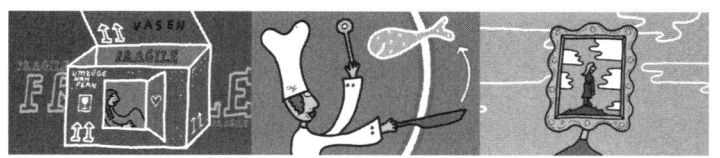

Beam me up, Scotty!

Manchmal ist eine Familie ziemlich anstrengend. Dann brauche ich schnelle Entspannungstechniken und kurze Fluchtwege.

Es gibt Momente, da bin ich in meiner Vorstellung ein »Wanderer über dem Nebelmeer«. So wie der Mann auf dem berühmten Bild von Caspar David Friedrich: Ich stehe mit einem schwarzen Mantel irgendwo auf einem Berg. Ganz allein. Und den Wolken so nah. Meine Freiheit ist grenzenlos, und die Ruhe um mich herum ist es auch.

Heute Morgen zum Beispiel war es wieder so weit. Clara, Jette und ich waren auf dem Weg zur Kindertagesstätte. Draußen war es nass und klamm, Jettes Buggy ließ sich im Matsch kaum schieben. Der Dreck spritzte an meinen guten Mantel, Clara jammerte, dass ihre Füße kalt seien. Bei dem Versuch, sie mit einem Arm zu tragen und mit dem anderen den Buggy zu schieben, riss ich mir ein Loch in die Strumpfhose. Als wir an der U-Bahn ankamen, wollte ich nur eins: Ganz weit weg sein!

»Hallo«, sagte ich zu dem Wanderer, als die Bahn einfuhr, »nimmst du mich mit?« »Klar«, sagte er. Und während meine Arme Buggys, Kinder und Taschen in öffentliche Verkehrsmittel bugsierten, ging meine Fantasie auf Reisen, und meine Gedanken flogen hoch. Dorthin, wo es weder kaputte Strumpfhosen noch kalte Kinderfüße oder Mensch-wir-sind-schon-wieder-viel-zu-spät-Stress gibt. Dorthin, wo der Blick weit und die Stille groß ist.

Irgendwann, ich nahm gerade ein paar tiefe Züge guter Bergluft, hörte ich von Ferne eine vertraute Stimme. Es war meine eigene. Sie sagte »Hmm«. Und noch mal »Hmm«. Und dann hörte ich eine andere Stimme. Sie kam von einem Kind. Und sie sagte: »Mama, sag nicht immer Hmm.«

Da wusste ich, dass ich mich an den Abstieg machen musste, zurück auf die Erde. »Bis zum nächsten Mal«, flüsterte ich dem Wanderer noch zu. Und dann war es dunkel in meinem Kopfkino. Ich war wieder in meinem Leben, und jetzt – jetzt sollte er doch kommen, dieser Tag! Ich würde es ihm schon zeigen!

Ja, Sie haben Recht – es gibt normalere Methoden, sich eine Auszeit zu nehmen: ein heißes Bad, eine Massage, ein Wellnesswochenende. Oder wie in einer amerikanischen Seifenoper, wenn die Damen mit dicken Socken auf dem Kanapee sitzen und mit Suppenlöffeln Eis aus riesigen Schachteln essen.

Der Haken ist nur: Mütter von kleinen Kindern haben für derartige Entspannungsmethoden nur selten Zeit. Schon gar nicht, wenn sie morgens um acht zwei Kinder wegbringen und danach zur Arbeit müssen. Glauben Sie mir: Ein Kopfkino ist sehr praktisch. Es lässt sich überallhin mitnehmen, zeigt jede Menge Kurzfilme und hat rund um die Uhr geöffnet.

Im Übrigen habe ich bei meinen Recherchen erfahren, dass auch andere Mütter in Stresssituationen zu irrationalem Verhalten neigen. Kollegin H. zum Beispiel berichtet, dass sie immer, wenn ihr alles zu viel wird, mit einem großen Müllsack durch die Wohnung zieht. Hinein kommt all der Ballast, der gerade im Weg rumliegt und ihr das Leben schwermacht: die zweite Mahnung von der Stadtbücherei, die endlich die fünf Bilderbücher zurückhaben will; diverse Strumpfhosen mit Loch; die Werbung der Telefongesellschaft, die viel billigere Tarife verspricht. »Ich schmeiß alles weg«, sagt Kollegin H., Mutter von zwei kleinen Jungs, »und du glaubst gar nicht, wie wahnsinnig befreiend und entspannend das ist.«

Kollegin W. favorisiert eine andere Anti-Stress-Methode: Sie macht gelegentlich auf dem Heimweg einen Schlenker zu dem schwedischen Möbelhaus – bevorzugt dann, wenn sie weiß, dass zu Hause ihre Töchter mit kniffligen Hausaufgaben warten.

»Und dann kaufst du zur Entspannung mal eben ein neues Sofa?«, frage ich. »Nein, ich schlendere bloß ein bisschen durch die SB-Abteilung und gucke, was ich alles nicht brauche«, sagt Kollegin W. Und dass dieser Ausflug in die bunte Warenwelt für sie ein sehr kurzweiliger kleiner Fluchtweg sei.

Der allerdings habe zwei Nachteile, gestand sie dann: Zum einen seien die Hausaufgaben bei ihrer Rückkehr immer noch nicht gemacht. Und zum anderen habe sie in ihrer Kommode inzwischen ein ganzes Fach voll schwedischer Papierservietten.

Ich sag's ja: Gestresste Mütter von kleinen Kindern entspannen anders. Kleine Kinder von gestressten Müttern allerdings auch.

Jette zum Beispiel kann herkömmlichen Wellnessmethoden wie Ausschlafen am Sonntag oder einem warmen Bad wenig abgewinnen. Im Gegenteil: Es ist eher so, dass sie sich furchtbar aufregt, wenn ich sage: »Heute Abend wird gebadet!« Und wenn ich dann auch noch sage: »Heute wird gebadet, UND die Haare werden gewaschen«, kriegt sie einen hysterischen Anfall. Und braucht erst recht eine Auszeit.

Für diese Fälle hat Jette ihren Karton. Er war der letzte, den wir bei unserem Umzug ausgepackt haben. Es waren Vasen drin. Jetzt ist ein Kuschelkissen drin, eine Gummibärchen-Notration, ein altes Telefon – und Jette, wenn sie ihre Ruhe haben will.

Der Umzugskarton ist sehr praktisch. Man kann ihn gegebenenfalls mit seiner Hauptmieterin vom Wohnzimmer ins Kinderzimmer schieben. Oder von der Küche in den Flur. Und man kann ihn auch hübsch dekorieren. In der letzten Adventszeit haben wir Wattebäusche draufgeklebt und rote Papiersterne. Neulich hat Clara einen Apfelbaum auf die Pappe getuscht. Und mein Mann Jochen hat ein Fenster reingeschnitten.

Manchmal, wenn Jette in ihrem Karton sitzt und sich von ihrem Haarwaschtrauma erholt, wüsste ich gerne, was in ihrem

kleinen Kopf vorgeht. »Meinst du, sie wäre manchmal auch gern ein Wanderer über dem Nebelmeer?«, fragte ich Jochen neulich. »Ach«, sagte der, »ich glaube, sie wäre lieber Jette in 16 Jahren mit eigenem Hausschlüssel und Auto vor der Tür.«
Wahrscheinlich hat Jochen Recht. Mein Mann, so kommt es mir immer vor, hat bessere Nerven als ich – und er hat offenbar auch seltener das Gefühl, mal wegzumüssen. Es soll ja Männer geben, die sagen, sie gehen kurz Zigaretten holen, und dann werden sie nicht mehr gesehen. So etwas würde Jochen nie machen. Jochen geht höchstens mal Espresso kaufen. Dazu allerdings braucht er dann mindestens eine Stunde.

Das liegt daran, dass er den Kaffee in »OSAs Alpenraum« kauft. Das ist eine Espressobar, die gleichzeitig ein Architektur-büro ist und ein Verkaufsladen für Taschen aus Lastwagenplanen. Der Geist dieses multifunktionalen Ortes und der kleine Schwarze, den man dort trinken kann, scheinen gestressten Vätern verbrauchte Energie sofort zurückzugeben. Jedenfalls ist mein Mann immer bester Laune, wenn er aus »OSAs Alpenraum« kommt.

Jochen hat aber noch eine andere Entspannungsmethode: Er kocht gerne. Er sagt, dass Suppengrün-Schnippeln, Speck-Anbraten und Rezepte-Ausprobieren für ihn etwas Beruhigendes haben. Er schaut auch gerne Kochbücher an, Stillleben mit rotweiß karierten Geschirrtüchern, Steinguttellern und alten Silberlöffeln, die dekorativ in einer Mousse au Chocolat stecken.

Neulich hatten wir Besuch. Es sollte Rote-Bete-Süppchen mit Meerrettich-Crème-fraîche geben, Gorgonzolamedaillons und – Bratäpfel, gefüllt mit likörgetränkten Trockenaprikosen.

Jochen stand schon eine ganze Weile in der Küche. Ich sah durch die Tür, wie er rührte und zwischendrin ein Schlückchen Rotwein nahm. Alles sah sehr entspannt aus.

Ich hingegen war völlig unentspannt: Ich wollte nämlich, bevor der Besuch kam, noch die Mädchen ins Bett bringen. Das bedeutete: Zwei Kinder aus Strumpfhosen schälen und in Schlafanzüge stecken, zwei mützenverschwitzte Haarschöpfe kämmen, vier Hände waschen, vier winterraue Wangen mit klebriger Fettcreme eincremen, circa 37 Zähne putzen, zwei davon wacklig.

Beim Zähneputzen gab es wie immer Trara. Statt sanft und beständig ihre Wackelzähne zu umkreisen, kaute Clara auf der Zahnbürste rum. Ich schimpfte, sie maulte. Ich schimpfte mehr. Doch gerade als ich überlegte, ob ich meinem Wanderer einen Blitzbesuch abstatten sollte, klingelte es an der Tür.

Der Abend wurde dann besser: Jochen hatte herrlich gekocht. Der Besuch war anregend, der Wein auch, und ich dachte nicht mehr über Fluchtwege nach.

Irgendwann war es Zeit fürs Dessert. »Ich mach jetzt die Bratäpfel«, verkündete ich lässig, ging in die Küche und schmiss den Ofen an. Die Äpfel sahen sehr malerisch aus auf dem Blech.

Doch als ich die Äpfel eine halbe Stunde später rausholen wollte, traf mich der Schlag: Sie waren explodiert. Die Liköraprikosen klebten im ganzen Ofen, es roch angebrannt – und auf dem Blech hockte bloß noch ein Häufchen Apfelmus.

Da machte ich es wie die Bratäpfel: Ich ging in die Luft. Oben über dem Nebelmeer atmete ich tief durch. Ich schaute in die Ferne und trank ein paar Schlückchen Rotwein.

Dann ging ich zurück ins Wohnzimmer: »Zum Nachtisch gibt es Vanilleeis mit Apfelmus«, sagte ich so entspannt wie möglich. Doch Jochen guckte mich an, als käme ich von einem fremden Stern.

Kein Double für Amalia Blitz

Ständig wird man benachteiligt! Davon sind Clara und Jette überzeugt – egal, ob es um Müslischalen, Elchanhänger oder Blitzhexen geht. Ich sehne derweil den 18. Geburtstag meiner Töchter herbei.

Eigentlich ist die Liebe ja rot: feuerrot, knallrot, herzensrot. Bei uns nicht. Bei uns ist die Liebe dunkelblau. Frühmorgens jedenfalls. Genaugenommen: immer dann, wenn ich meinen Mädchen das Müsli hinstelle.

Clara will seit Wochen jeden Morgen eine dunkelblaue Schale. Sie sagt, Dunkelblau sei ihre Lieblingsfarbe. Und weil Clara eine blaue Schale hat, will Jette auch eine blaue. Stelle ich ihr eine rote hin oder die mit der Tigerente, sagt Jette: »Gemein, Mama.« Und damit meint sie: Wenn ich nicht genau die gleiche Schale kriege wie Clara, dann hast du mich weniger lieb!

Nein, meine Süße, möchte ich antworten, ich hab dich genauso lieb wie deine Schwester. Das Problem ist bloß, dass alle anderen dunkelblauen Müslischalen gerade in der Spülmaschine sind. Das ist nicht gemein. Das ist Alltag. Alltag mit zwei Kindern.

Aber derart profane Erklärungen ziehen bei Jette nicht. Sie will, dass es gerecht zugeht in ihrer kleinen Welt. Und wenn man zweidreiviertel Jahre alt ist, dann heißt gerecht: gleich, tupfengleich. Alles muss genau so sein wie bei der großen Schwester.

Clara bringt von der Musikstunde Blätter mit »Notengeheimschrift« mit. »Gemein!«, findet Jette. Sie will auch Notengeheimschriftblätter. Clara bekommt eine Kaufladenregistrierkasse zu Weihnachten – das ist himmelschreiend ungerecht! »Aber du hast doch ein ganz tolles Schaukelpferd vom Christkind bekommen«, sage ich zu Jette. »Das ist viel größer als eine Kaufladenregistrierkasse. Außerdem könnt ihr doch auch ganz gut beide mit der Kasse spielen.« Das zählt nicht, findet Jette.

Clara ist ebenfalls vom Gleichheitswahn befallen, wenn auch in etwas gemäßigterer Form. Beim Abendbrot ist es ihr wichtig, dass sie – wie Jette – neben mir sitzen und zur selben Zeit wie ihre Schwester erzählen darf, wie es im Kindergarten war. Das führt zu bedrückender Enge an der Tischkante und erhöht mein Tinnitusrisiko.

Clara legt auch Wert darauf, dass ich von der Dienstreise zwei Elchschlüsselanhänger mitbringe (und nicht etwa einen Schlüsselanhänger für die eine und einen Malblock für die andere).

»Was haben wir bloß falsch gemacht?«, seufzte ich neulich im Beisein meiner Freundin Doris, ebenfalls Mutter von zwei Töchtern. »Nichts«, antwortete die, »oder kennst du Familien mit mehreren Kindern, in denen keine Gutenachtküsse, Schoßverweilzeiten, Apfelsaftschlucke gezählt werden? Es ist eben so: Die Erstgeborenen finden es ungerecht, dass sie Mama und Papa und den ganzen Rest plötzlich teilen müssen. Und die Nachgeborenen sind sauer, weil sie Mama und Papa von Anfang an teilen mussten. Und immer einer da war, der vieles besser konnte.«

Und dann erzählte Doris noch von einem Zwischenfall in ihrer Familie: Es war an einem grauen Januarsonntag. Man saß zusammen und schaute alte Fotos an. Auch die vom ersten Geburtstag der älteren Tochter. Darauf zu sehen: ein pummeliges Kleinkind, zwei stolze Eltern und jede Menge Geschenke. Die jüngere Tochter, berichtete Doris, habe interessiert die Päckchen auf den Fotos betrachtet. Dann ihre ältere Schwester. Und dann habe sie gefragt: Was hab ich damals gekriegt? Du, habe man sie aufgeklärt, du warst da noch gar nicht auf der Welt!

»Daraufhin«, so Doris, »hat die Kleine bloß fünf Worte gesagt. Die lauteten: Ungerecht – das – muss – nachgeschenkt – werden.«

»Vielleicht ist es einfacher, wenn man ein Mädchen und einen Jungen hat«, meinte Jochen, als ich ihm davon erzählte. »Da sind die Kinder schon auf den ersten Blick so verschieden, dass die Erbsenzählerei automatisch Grenzen hat.«

»Du meinst, dann würden wir jetzt nicht diskutieren, ob wir zwei Babypuppen mit scheußlichen rosa Rüschenkleidchen brauchen? Hätten wir dann eine rote Parkgarage und einen dunkelblauen Puppenwagen und weniger Gezanke?« Ich blieb skeptisch. Denn aus gut informierten Kreisen weiß ich, dass auch in Familien mit Kindern unterschiedlichen Geschlechts das Wort »ungerecht« mehrmals stündlich fällt.

Trotzdem hat Jochens Idee einen wahren Kern: Der Schlüssel zu wahrer Gerechtigkeit in der Erziehung ist nicht gleiche Behandlung, sondern ungleiche.

Denn auch wenn unsere beiden Mädchen auf den ersten Blick ähnlich scheinen, weil sie das gleiche Geschlecht haben, auf den zweiten Blick haben sie doch ganz unterschiedliche Wesenszüge, Vorlieben, Stärken, Schwächen und natürlich auch einen unterschiedlichen Entwicklungsstand. Und deshalb brauchen sie von Jochen und mir auch ganz unterschiedliche Dinge. Andersherum gesagt: Würden wir alles daransetzen, unsere Mädchen möglichst gleich zu behandeln, würden wir ihnen kein bisschen gerecht werden. Und das wäre wirklich ungerecht.

Die Frage ist bloß: Wie machen wir diese bahnbrechende pädagogische Erkenntnis unseren Mädchen klar?

Nach längerem Nachdenken haben Jochen und ich für die nächste Zukunft drei Leitsätze verabschiedet:

Kinder-Vergleichen ist doof!
Clara konnte früher sprechen als Jette, Jette ist mutiger als Clara. Clara ist größer, Jette dünner. Clara war mit zwei schon sauber, Jette braucht nach wie vor vier Windeln am Tag. Aber müssen wir das unseren Mädels dauernd unter die Nase reiben?

Müssen wir nicht. Oder besser: Sollten wir nicht. Denn mit der Vergleicherei fördern wir Konkurrenzdruck und zwanghaften Gleichbehandlungswahn.

Pestalozzi soll mal gesagt haben: »Vergleiche nie dein Kind – außer mit sich selbst.« Das ist ganz schön schwer! Aber wir arbeiten dran.

Kleine Erbsen werden gezählt!

Okay, ich sehe es ein: Wenn Jette sechs lange und zwölf kurze Pommes kriegt, dann kann es (aus Jettes Sicht) nicht sein, dass Clara zwölf lange und sechs kurze kriegt. Deshalb habe ich – um meine Nerven zu schonen – beschlossen: Bei Pommes, Erbsen, Fischstäbchen, Gutenachtgeschichten, Elchanhängern und anderen kleinen Dingen des Alltags soll Gleichheit herrschen. Ich werde meine Müslischalensammlung aufstocken, um künftig Engpässe im dunkelblauen Bereich zu vermeiden.

Und Oma Hella habe ich bereits darüber informiert, dass sie den Adventskalender für kommenden Dezember unbedingt simultan bestücken soll: immer zwei Lillifee-Aufkleber, zwei dunkelblaue Buntstiftanspitzer, zwei Klapplutscher mit Apfelgeschmack. Ich hoffe, sie hält sich dran.

Große Erbsen werden sortiert!

Clara ist ein Kind, das Rollenspiele liebt. Deshalb spielt sie beim Kindertheater die Wetterhexe Amalia Blitz. Muss Jette – aus Gleichheitsgründen – jetzt auch sofort lernen, wie man Donnergrollen zaubert? Wir finden: Nein, Amalia Blitz braucht kein Double! Denn erstens kann sich Jette mit zwei Jahren nur bedingt Zaubersprüche merken, und ihre Donnergrollenerfolgsquote läge vermutlich immer unter der von Clara. Und zweitens liebt sie mehr als das Reimen das Rennen und Klettern.

Der Gipfel der Gerechtigkeit – meint jedenfalls Jochen – wäre für Jette ein Kinderturnen-Exklusivrecht: »Ich gehe mit Clara in die Augsburger Puppenkiste. Und dafür kletterst du mit Jette ein paar Sprossenwände hoch«, schlug er neulich vor. Ich mag zwar keine Turnhallen, aber wenn es Jette hilft, mal konkurrenzlos glücklich zu sein, dann springe ich auch über Medizinbälle.

Alles nur Theorie, finden Sie? Ich bin trotzdem optimistisch, dass unsere Vorsätze Wirkung zeigen. Vor allem, seit mir kürzlich das Beilagenheft einer Tageszeitung in die Hände fiel. Seitdem weiß ich, dass spätestens mit 18 alles gut wird.

In dem Beilagenheft ging es nämlich um Zwillinge, Geschwister also, die in besonderer Konkurrenz zueinander stehen. Und auf Seite 12 des Zwillings-Specials[7] berichtet die 18-jährige Finalistin einer Miss-Germany-Wahl über sich und ihre Schwester erstaunliche Dinge: dass sie zum Beispiel mit der Zeit gelernt hätten, ihr Bedürfnis nach schwesterlicher Gerechtigkeit konfliktfrei zu lösen. Ein Kleid etwa, das sie nur einmal haben, ziehen die beiden immer abwechselnd an (aber nur dann, wenn die andere nicht dabei ist). Und als sie gemeinsam »Miss Eschwege« wurden, haben sie alles gerecht geteilt: den Schönheitsköniginnen-Titel bekamen beide, die Krone die eine, die Schärpe die andere. Zwar kann ich mir weder Jette mit Krönchen noch Clara als »Miss Eschwege« vorstellen. Aber irgendwie klingt die Geschichte der beiden diplomatischen Missen für mich hoffnungsvoll.

Sicher ist: Bis zum 18. Geburtstag unserer Töchter wird noch viel passieren. Für die Große sind es noch 13 Jahre. Für die Kleine noch 16. »Gemein«, würde Jette jetzt wahrscheinlich sagen. Wie man's nimmt, finde ich.

Mein Leben als Vorbild

Eltern dürfen nicht schlürfen, nicht fluchen und keine Schokolade vor dem Abendbrot essen. Ganz schön anstrengend – deshalb wische ich Knigge gelegentlich eins aus!

HIMMELARSCHUNDZWIRN-MISTVERDAMMTER-SCHEISSESCHEISSESCHEISSE!!! Manchmal habe ich das Bedürfnis, richtig zu fluchen. Weil mir meine weiße Lieblingsteetasse aus Bone China runtergefallen ist. Weil Jettes Windel gerade explodiert und das sehr ungelegen kommt (denn wir stehen im Supermarkt vor den Suppenwürfeln).

Weil ich die Anmeldefrist vom Schwimmkurs verschwitzt habe. Oder weil Clara gerade ein ganzes Glas Apfelsaft über Emil Noldes ungemalte Bilder gekippt hat – und dieser wunderschöne Kunstband[8] mindestens 70 Euro kostet. Und außerdem der Stadtbücherei gehört.

Ich finde: Fluchen tut gut. Fluchen hat Kraft. Fluchen befreit. Das Blöde ist nur: Wer wie ich kleine Kinder hat, darf eigentlich nicht fluchen.

Schließlich habe ich meinen Töchtern ungefähr hundertmal gesagt, dass das schreckliche Wort mit Sch (und auch all die anderen schrecklichen Wörter) in ihrem Wortschatz nichts zu suchen haben.

Ich habe meinen Kindern auch noch andere Sachen gesagt. Zum Beispiel, dass sie nicht krumm rumsitzen sollen. Oder dass sie nie, nie bei Rot über die Ampel gehen dürfen. Oder dass so lange Zähne geputzt wird, bis die Eieruhr, die neben dem Waschbecken an den Kacheln klebt, einmal durchgelaufen ist.

Die gute Nachricht: Meine Kinder haben sich das 1 a gemerkt.

Die schlechte: Das macht die Sache für mich ziemlich anstrengend.

Denn jetzt muss auch ich viele Stunden am Tag kniggetauglich sein. Nicht nur, dass ich das schreckliche Wort mit Sch nicht sagen darf, wenn Clara teure Kunstbände mit Apfelsaft flutet. Nein – ich darf beim Telefonieren auch nicht mehr krumm im Sessel hängen. Ich muss mir drei Minuten die Zähne putzen, und wenn ich bei den Schneidezähnen angekommen bin, muss ich mit den beiden mittleren Fingern meiner linken Hand einen Spritzschutz über der Oberlippe simulieren – so steht es nämlich in den Kindergartenzähneputzstatuten.

Und natürlich darf ich meinen Milchkaffee auch nicht mit aufgestützten Armen trinken. Tue ich es doch, dann habe ich sofort meine beiden Mini-Knigges neben mir: »Ellenbogen, Ellenbogen, warum bist du so ungezogen«, rufen sie im Chor. Und erinnern mich daran, dass ein ordentliches Vorbild die Regeln, die es aufstellt, selbst einhalten sollte.

Ehrlich gesagt: Es wäre ziemlich freudlos, mein Leben als ordentliches Vorbild, wenn ich nicht ein paar kleine Tricks hätte. Mit diesen Tricks kann ich mich ab und zu danebenbenehmen, ohne gleich meine Autorität einzubüßen. Und weil meine Kinder noch nicht lesen können, kann ich diese Tricks hier ruhig verraten:

Ich spreche Schwedokroatisch

Schwedokroatisch ist sehr einfach zu lernen. Es hat eine übersichtliche Grammatik. Und besteht überwiegend aus ein- und zweisilbigen Substantiven. Auf jeden Fall ist es gut, wenn man ein paar Wörter Schwedokroatisch kann. Zum Beispiel, wenn die Lieblingsteetasse runterfällt. Dann kann man nämlich laut »Grrrruui aahh !!!« rufen. Oder »Fussfussfuss!«. Oder »Döschtulix nochmal!«. Gut sind immer Wörter mit vielen s, r, x und a. Die haben was Explosives und wirken fast so befreiend wie das schlimme Wort mit Sch. Aber sie sind alltagstauglicher. Denn man kann ohne rot zu werden behaupten, dass sie – aus dem Schwedokroatischen übersetzt – »Ach, wie schade« bedeuten oder »So ein Ärger«!

Wenn Ihnen das zu albern ist und Sie kleinere Kinder haben, können Sie es natürlich mit »Shit« oder »Merde« versuchen. Bei Clara funktioniert das allerdings nicht mehr. Denn sie hat inzwischen Vorschulbücher mit internationalem Anspruch. Und weiß, dass »Shit« das schreckliche Wort mit Sch ist – bloß auf Englisch.

Ich erfinde (faule) Ausreden

Manchmal ziehe ich mich gern schick an, wenn ich in die Redaktion gehe: Rock und dünne Strümpfe. Und Schuhe mit Absatz und Ledersohle. Für meine Töchter heißen diese Schuhe Klapperschuhe – und sie haben eine besondere Faszination: Clara wünscht sich jedes Jahr zum Geburtstag ein neues Paar mit Riemchen, Ledersohle und diversem Schnickschnack. Und Jette macht ihr natürlich alles nach. Da meine beiden im Sommer Geburtstag haben, ist das völlig in Ordnung: Klapperschuhe auf sonnenbeschienenen Straßen sind schließlich kein Problem. Im Winter aber, habe ich verfügt, gibt es keine Klapperschuhe. Weil sie zu kalt sind, zu rutschig, weil es reinschneit und überhaupt.

Sie ahnen, was jetzt kommt – genau: Immer wenn ich in der dunklen Jahreszeit morgens mit einem Rock und zierlicherem Schuhwerk in die Küche komme, sagen meine Mini-Knigges: »Mama, das darf man nicht.« Und dann empfehlen sie mir Wanderboots, Regenstiefel oder andere gummibesohlte Treter, die alle eins gemeinsam haben: Sie passen nicht zum Rock.

Manchmal ziehe ich die Ungetüme trotzdem an. Und nehme meine Klapperschuhe gut getarnt im Jutebeutel mit zur Arbeit. Manchmal lasse ich auch die schicken Schuhe mit Absatz und Ledersohle an und sage: »Mamas dürfen das. Mamas sind erwachsen. Und da gelten andere Regeln.«

An guten Morgen zieht dieses Argument. An schlechten rufen meine Kinder empört: »Das gildet nicht!« Und Jochen grinst in sein Honigbrot.

Neulich versuchte ich eine weitere Ausredevariante: »Ich habe«, sagte ich zu Clara, »heute im Büro eine Besprechung. Da kann ich nicht mit Gummistiefeln hin. Da muss ich ganz schick sein. Sonst hören die mir nicht richtig zu.« Clara sagte nichts mehr. Und ich dachte schon, ich habe gewonnen.

Doch drei Tage später kam meine Tochter mit Kleid und Klapperschuhen in die Küche. Draußen waren zwei Grad plus und jede Menge Matsch. Als ich sie kritisch anschaute, sagte sie bloß: »Mama, ich habe heute im Kindergarten eine Besprechung. Wir besprechen, wohin wir unseren nächsten Ausflug machen. Und da muss ich ganz schick sein. Sonst hört mir keiner zu, wenn ich sage, dass ich in den Wildpark Poing will ...«

Zum Glück habe ich noch einen dritten Trick, der mir beim Danebenbenehmen hilft:

Ich tue es heimlich

Ja, ich gestehe: In bestimmten Ausnahmefällen und wenn im Umkreis von 50 Metern kein Kind in Sicht ist, renne auch ich bei Rot über die Ampel. Ich weiß, das ist überhaupt nicht vorbildlich, aber wenn ich nicht gelegentlich bei Rot über die Ampel rennen würde, führe mir die Trambahn ständig vor der Nase weg. Und ich müsste in der Mitte einer vierspurigen Ausfallstraße zehn Minuten warten und jede Menge Feinstaub inhalieren. Außerdem käme ich zu spät zum Abholen in den Kindergarten. Die Frage ist also: Will ich lieber ein schlechtes Vorbild sein, das heimlich bei Rot über die Ampel geht? Oder ein schlechtes Vorbild, das unpünktlich ist? Daneben benehme ich mich sowieso.

Aber das ist noch nicht alles: Manchmal versenke ich heimlich abgekaute Apfelreste in den Büschen am Spielplatz, weil wieder nirgends ein Mülleimer ist. Und ich schon zwei schimmelige Apfelbutzen von vorvorgestern in meiner Handtasche habe. Ich gucke auch gelegentlich ungezügelt zwei blöde Krimis hintereinander. Oder beschimpfe Autofahrer, die mich hysterisch anhupen, weil ich mich falsch eingeordnet habe.

Das alles kommt nicht sehr oft vor – und immer nur dann, wenn meine Kinder nicht dabei sind.

Eine Heimlichkeit allerdings leiste ich mir mehrmals die Woche: Meistens so gegen 16 Uhr 30. Dann habe ich nämlich 35 Minuten Arbeitsweg mit öffentlichen Verkehrsmitteln hinter mir. Ich habe Clara und Jette aus dem Kindergarten abgeholt. Ich habe eingekauft und bin mit Kindern, Kochschinken, Körnerbrot und Kopfweh endlich zu Hause angekommen. Das ist der Moment, wo ich ganz dringend Schokolade brauche. Aber: Schokolade um halb fünf, eine Stunde vor dem Abendbrot? Ist bei uns nicht erlaubt. Denn wenn meine Kinder um halb fünf Schokolade essen, essen sie um halb sechs kein Körnerbrot mehr.

So kommt es, dass ich regelmäßig gegen 16 Uhr 30 am Küchentisch sitze, verdeckt von einem Quadratmeter Tageszeitung, die ich mit der rechten Hand hochhalte – während ich mir dahinter quadratisch-praktische Schokoladenstückchen in den Mund schiebe. Kommen meine Kinder in die Küche, kann ich schnell noch runterschlucken, einen Schluck Pfefferminztee zur Geruchstarnung nehmen und dann ganz beiläufig die Zeitung über die Schokoladentafel schieben. Bisher hat dieser Trick super funktioniert. Meine Kinder merken nichts. Und ich – ich bin doch ein tadelloses Vorbild, oder?

Hilfe, Kindergeburtstag!

Kinder brauchen viel Geburtstag zum Glück. Mütter hingegen brauchen viel kalten Hund, Nervenstärke und Diplomatie, um das zu überleben. Bei uns ist es demnächst wieder so weit.

Bei meiner Nachbarin an der Pinnwand hängt eine Postkarte. Darauf ist ein Männchen mit Punkfrisur und ein Spruch, der lautet: »Viel Geburtstag zum Glück.«

»Super Spruch, oder?«, sagte die Nachbarin, als ich sie neulich mal wieder besuchte.

Hmm, dachte ich, mir könnte man eher eine Freude machen mit einer Karte, auf der »Wenig Geburtstag zum Glück« steht. Viel Geburtstag macht nämlich nicht nur alt. Viel Geburtstag ist auch ziemlich anstrengend. Vor allem, wenn es sich um viel Kindergeburtstag handelt.

Ich habe in allernächster Zukunft ziemlich viel Kindergeburtstag: besonders viel am 13. Juni (Jette wird drei). Und am 6. Juli (Clara wird sechs). Außerdem habe ich viele offene Fragen. Und die fangen alle mit W an:

Wen laden wir ein?
Das Erstellen der Gästelisten beschäftigt uns schon seit Wochen: Bei Jette ist die Sache klar. Sie befindet sich seit geraumer Zeit in einer ausgeprägten Trotzphase und liegt deshalb mit den meisten Menschen ihres näheren Umfelds im Clinch.

Deshalb will sie nur Papa und Myri aus dem Kindergarten einladen. Clara vielleicht und Mama ganz vielleicht. Das ist erfreulich übersichtlich, finde ich.

Bei Clara sieht die Sache anders aus: Sie will ihre Lieblingserzieherin aus dem Kindergarten einladen. Und den Skibusfahrer, der sie vor Monaten auf die Piste gekarrt hat. Außerdem muss natürlich Patentante Rieke kommen. Und H., weil die so nett ist. Und P., weil sie da auch eingeladen war. Und natürlich T., weil die nebenan wohnt. Mir fällt ein, dass P. und T. sich nicht mögen und immer zanken. Und, ach ja, was machen wir mit Y.? Den haben wir immer eingeladen, weil ich mit seiner Mutter im Geburtsvorbereitungskurs war. Jetzt ist er aber in einem anderen Kindergarten. »Der kennt dann keinen«, gibt Clara zu bedenken. »Außerdem ist er ein Junge und will bestimmt keine Prinzessinnengeburtstagskrone aufsetzen.«

»Für Jungs brauchst du Rittergeburtstagshelme«, sagte mir eine befreundete Jungsmutter. Und versprach, mir die Bastelanleitung mitzubringen.

»Am Allerwichtigsten ist, dass du die Zahl der Gäste rigoros begrenzt«, gibt mir eine andere Freundin jedes Jahr wieder mit auf den Weg. »Du weißt ja: so viele Kinder wie Lebensjahre.«

Diese Freundin hatte am sechsten Geburtstag ihrer Erstgeborenen ein einschneidendes Erlebnis. Ihre Tochter hatte morgens in der Schule spontan alle 18 Montessori-Erstklässler eingeladen. 13 davon standen nachmittags vor der Tür. Und weil meine Freundin ein gutes Herz hat, ließ sie auch alle rein. Abends dann hatte sie kein gutes Herz mehr. Sondern fast einen Herzinfarkt. Denn zu den 13 Kindern kamen noch 13 abholende und Prosecco schlürfende Väter und Mütter. Ich bewundere sie trotzdem.

Was machen wir nach dem kalten Hund und vor den Mini-Pizzas?
Die Zeitspanne zwischen Kuchenschlacht und Abendessen umfasst etwa zweieinhalb Stunden. Die gefühlte Zeit für Mütter beträgt aber mindestens das Doppelte. Wichtig ist deshalb, dass man Helfer hat.

Als Clara zum ersten Mal Kinder eingeladen hatte, war mein bester Helfer ein kleines Schneiderbuch von 1969. Das hieß »Wir feiern Kindergeburtstag«.[9] Jochen hatte es irgendwann mal auf dem Flohmarkt gekauft, weil der Umschlag so schön retro war. Der Klappentext war es allerdings auch. Dort stand zu lesen: »Die kleinen Gäste haben sich den Bauch voll gestopft: Aber was kommt jetzt? Die kluge Mutti hat vorgesorgt. Wie ein richtiger Programmdirektor.«

Innen war das Buch dann aber gar nicht so schlecht. Es machte mich nach Jahrzehnten der Abstinenz wieder vertraut mit armen schwarzen Katern, blinden Kühen, Bi-Ba-Butzemännern.

Tatsächlich sind Kinder, wenn sie gerade vier werden, durchaus mit solchen Gestalten zu beeindrucken. Leider bleibt das nicht so. Und deshalb konnte ich das Schneiderbuch für kluge Muttis schon ein Jahr später nur noch bedingt gebrauchen.

Clara wollte nämlich unbedingt eine Schatzsuche machen. Und Schatzsuche war 1969 offenbar noch nicht vorgesehen.

Also besorgte ich mir ein moderneres Buch, das mir »tolle Kinderpartys mit Schritt-für-Schritt-Fotos und unterschiedlichen Mottos« versprach.[10] Eine Schatzsuche war auch dabei. Allerdings sollte man dazu alle Kinder wie Piraten verkleiden, Schatzkisten aus Eierkartons basteln und Augenklappen mit Totenköpfen drauf.

Da ich in Basteldingen eher unbegabt bin, bastelte ich keine Augenklappen, sondern kaufte in einem Schnäppchenmarkt sechs (supertrendige Piraten!) Chlorbrillen, durch die man fast nichts sehen konnte. Außerdem malte ich sechs geografisch eher unausgereifte Lagepläne. Offenbar waren die Lagepläne und die Sicht aber nicht schlecht genug. Denn die Kinder hatten den Schatz schon nach 20 Minuten gefunden – und beschlossen, dass die Piraten jetzt Verkehrserziehung spielen wollten ...

Also holte die kluge Mutti den klugen Vati. Und der holte Bobbycars, Laufräder, Roller aus dem Keller. Dann wurde der dichte Verkehr in unserem Hinterhof mit Straßenkreide geregelt. Natürlich gab es dabei jede Menge Strafzettel, Staus und feinstaubbedingte Fahrverbote. Kurz: Die Verkehrserziehung für Piraten dauerte zwei Stunden. Danach gab es Pommes.

Dieses Jahr will Clara kein Piratenfest, auch keine Verkehrserziehung. Sie sagt, sie will eine Kinderdisco. Oder einen Prinzessinnenball. Und was machen wir dann mit Skibus-Siggi?, fragte ich. Den könnten wir als Frosch nehmen, meinte Clara.

Wie vermeide ich größere Eklats?

»Heute kann es regnen, stürmen oder schnein, denn du strahlst ja selber wie der Sonnenschein ...«: Dieses Geburtstagsständchen wurde sicher von einem Menschen geschrieben, der nie auf einem Kindergeburtstag war. Sonst wüsste er, dass das Strahlen den minderjährigen Jubilaren häufig wegen bedenklicher Reizüberflutung und einer Überdosis Aufmerksamkeit vergeht.

So berichtete Clara kürzlich von einem Mädchen, das sich an seinem Geburtstag heulend im Klo eingeschlossen hatte, weil es von drei Gästen zusammen ein kleines, aber feines Geschenk bekommen hatte (es waren silberne Elefantenohrstecker). Und nicht drei große Schachteln mit Gedöns drin.

Ein ähnliches Szenario könnte uns auch bevorstehen: Seit Jette begriffen hat, dass Geburtstaghaben was mit Geschenkekriegen zu tun hat, wünscht sie sich unaufhörlich komplette Ladensortimente zusammen. Immer, wenn ich beim Einkaufen sage: »Nein, gibt's jetzt nicht«, kontert sie mit: »Wünsch ich mir zum Geburtstag.« Ich nicke jedes Mal ergeben und bin froh, dass mir ein weiterer Trotzanfall erspart bleibt. Allerdings denke ich mit Schaudern an den 13. Juni. Sollte Jette nicht bis dahin von Gedächtnisverlust befallen sein (was in ihrem Alter unwahrscheinlich ist), werde ich ihr erklären müssen, dass Wünschen nicht immer hilft. Und es ist zu befürchten, dass Myri, Clara und ich noch vor dem kalten Hund wieder ausgeladen werden.

Neben der richtigen Wahl der Geschenke gibt es noch eine weitere wichtige Regel für das Vermeiden von größeren Eklats: keine Wettspiele mit kleinen Kindern.

In diesem Jahr werde ich mich noch mal daran halten: Ich werde Prinzessin Clara und ihre Gespielinnen nicht auf eine Reise nach Jerusalem schicken. Ich werde sie auch nicht in Jutegewändern um die Wette hüpfen lassen. Ich denke, wir werden gesittet ein paar Prinzessinnenfächer basteln. Oder königliche Suppentöpfe schlagen (unter denen sieben Mal das Pixibuch von »Prinzessin Horst« liegt)[11]. Sollte es Prinzessinnen geben, die meinen, dass es ihrem Status nicht entspricht, auf Knien rumzukriechen, können wir gern auch ein Ringlein wandern lassen. Und wenn das Wetter gut ist, werden wir des Kaisers neue Kleider anlegen und uns mit Wasserpistolen bespritzen.

Sie finden, das klingt lustig? Finde ich auch. Aber fragen Sie mich noch mal am 7. Juli.

Wie komme ich wieder zu Kräften?

Apropos: Der 7. Juli ist der Tag danach. Da hängt auch die klügste Mutti in den Seilen. Ich sehe meine Regenerationschancen jedoch optimistisch. Denn erstens: Sechs geladene Kinder, das bedeutet fünf bis sechs Gegeneinladungen. Und das bedeutet: fünf bis sechs Nachmittage kinderfrei. Und zweitens: Für mich ist der 7. Juli nicht nur der Tag danach, sondern auch der Tag davor: Am 8. Juli habe ich nämlich Geburtstag. Und dieses Jahr habe ich mir von meinem Mann ein Wellnesswochenende gewünscht. Manchmal soll Wünschen ja doch helfen, Jochen!

Kaffeetassen im Kleiderschrank

Mütter erledigen ständig 1000 Sachen gleichzeitig.
Aber wenn die Arme Dinge tun, von denen der Kopf nichts
weiß, wird die Sache mit dem Multitasking lästig.

Gestern musste ich mal wieder bügeln. Beim Bügeln gucke ich
immer fern. Dieses Mal blieb ich bei einer Serie hängen, die
in einem bayerischen Kloster spielt. Fünf Ordensschwestern
saßen da um einen Tisch. Eine, das war die Mutter Oberin, saß
an der Stirnseite. Sie hielt ihren Nonnen gerade eine Standpauke. Das Kloster, sagte sie, sei nicht gut organisiert. Das ganze
Unternehmen nicht effizient genug. Und dann fiel es auch
schon – das Wort: Multitasking!

Multitasking, sagte die Mutter Oberin, sei die Lösung.
Moderne Ordensschwestern müssten imstande sein, mehrere
Dinge gleichzeitig zu tun, dann könnte die Klostergemein-
schaft eine Menge Zeit und Geld sparen. Die Nonnen im Fernsehen machten große Augen. Und sahen sehr ratlos aus.

Sie sollten mich befragen, dachte ich, während ich Claras
Pünktchenkleid mit Sprühdampf einnebelte und nebenbei
ein paar Salzstangen aß. Mit Multitasking kenne ich mich
aus.

Schon morgens um Viertel vor sieben fange ich damit an:
Während ich die Zahnbürste im Mund habe, kämme ich Jette
die Haare und mache mit der anderen Hand das Badfenster

auf. Vermutlich rede ich dabei auch noch. Ich sage: »Mädels, beeilt euch.« Oder: »Jetzt konzentriert euch mal, damit es vorangeht!«

Um sieben stehe ich in der Küche. Während ich in den fast leeren Kühlschrank schaue, erstelle ich schon eine imaginäre Einkaufsliste, die ich am Nachmittag abarbeiten will. Gleichzeitig höre ich im Radio den Wetterbericht. Und rufe Jette zu, dass die Feenflügel, die sie zum Spielzeugtag mit in den Kindergarten nehmen will, in der roten Kiste unterm Hochbett liegen.

Eine knappe Stunde später stehe ich mit Kindern und Flügeln an der Bushaltestelle. Während wir warten und ich Clara erkläre, wie die Zeiger stehen, wenn es »um Acht« ist, mache ich schnell noch fünf unsichtbare Beckenbodenübungen.

Kurz: Meine gesamte Existenz ist ein einziges Multitasking: Ich habe einen Mann, zwei Kinder, einen Job und einen Vier-Personen-Haushalt. Und meist wollen alle gleichzeitig was von mir: Der Verlag will, dass ich meinen Text schreibe. Die Kinder wollen, dass ich jetzt sofort »Himmel und Hölle« im Hof spiele. Der Haushalt fordert stumm, dass ich ihn in Ordnung bringe. Und Jochen will, dass ich nicht hektisch rumrenne, sondern ihm zuhöre.

Zum Glück habe ich herausgefunden, dass man Aufgaben, die sehr unterschiedlich sind, besser gleichzeitig machen kann als Aufgaben, die ähnlich sind. Es ist zum Beispiel unmöglich, mit Jette »Im Märzen der Bauer« zu singen und gleichzeitig Jochen zuzuhören. Denn beides hat was mit Tönen zu tun. Und das verwirrt die Synapsen in meinem Hirn.

Durchaus machbar ist es aber, im Hof mit Clara und Jette »Himmel und Hölle« zu spielen und beim Hüpfen zu überlegen, wie ich den Anfang meiner nächsten Kolumne schreiben will. Denn das eine ist ganz einfach, und ich mache es mit den Beinen. Und das andere ist eher kompliziert, und ich mache es mit dem Kopf.

Meine Freundin Susanne, Mutter eines Babys und eines Dreijährigen, behauptet, diese Art von Alltagsbewältigung sei ein typisches Mütter-Phänomen. Väter kämen nie auf die Idee, den Fußboden zu wischen, gleichzeitig 23 versprengte Bügelperlen in den Perlenkasten zu sortieren, das Handyklingeln zu ignorieren und ihrem Sohn zuzurufen, er solle die Schuhe ausziehen, wenn er in die Wohnung kommt.

Männer, meint Susanne, würden überhaupt viel seltener mehrere Dinge gleichzeitig tun. Das hätte sie neulich auch in einer Studie gelesen. Sie habe allerdings vergessen, warum das so sei.

»Ist bestimmt was Evolutionsgeschichtliches«, sagte ich. »Männer sind Jäger. Schon in grauer Vorzeit haben sie ein Mammut nur erwischt, wenn sie es mit Tunnelblick ins Visier nahmen. Jede Ablenkung kostete das Abendessen. Wir Frauen hingegen saßen schon vor Jahrtausenden vor unseren Höhlen, schürten das Feuer für die Mammutschenkel, ließen uns nebenbei von unseren Kindern Löcher in den Bauch fragen und checkten aus dem Augenwinkel, ob hinter dem nächsten Baum ein böser Wolf lauert.«

»Wir sollten uns zusammentun«, sagte Susanne, »und unser Know-how gegen ein angemessenes Honorar weitergeben.«

Ehrlich gesagt halte ich das für keine sehr gute Idee. Denn ich habe Skrupel. Als echter Multitasking-Profi weiß ich nämlich: Es gibt da ganz erhebliche Risiken und Nebenwirkungen:

Multitasking fördert Wahnvorstellungen!
Manchmal schaue ich in den Spiegel, und es kommt mir vor, als erscheine mir dort ein Fabelwesen: Ich sehe vier Beine, acht Arme, zwei paar Feenflügel mit Turboantrieb und einen wirren Kopf, auf dem das Wesen einen schiefen Wäschestapel balanciert. An schlechten Tagen hat mein Spiegelbild auch Ähnlichkeit mit einem Riesenkraken, der verzweifelt versucht, Ordnung in seine Arme zu bringen.

»Findest du, dass ich aussehe wie ein Tintenfisch?«, fragte ich neulich meinen Mann. »Nein«, sagte der. »Aber ich finde, du solltest mal wieder zum Augenarzt gehen.«

Wahrscheinlich hat er Recht. Denn es kommt öfter vor, dass ich merkwürdige Dinge sehe. Vor kurzem erschien mir zum Beispiel eine halb volle Kaffeetasse. Sie stand im Kleiderschrank neben meinen Pullis. Und verschwand auch nicht, nachdem ich dreimal die Augen zu- und wieder aufgemacht hatte.

Ich hatte keine Ahnung, wie die Tasse da hingekommen war.

Nach längerem Nachdenken habe ich das Phänomen in etwa so rekonstruiert: Ich habe Wäsche zusammengelegt und in die Schränke verteilt. Beim Zusammenlegen habe ich mit Jette »Bis-17-Zählen« geübt und gleichzeitig Kaffee getrunken. Und weil ich so beschäftigt war, habe ich – ganz nebenbei – die Tasse im Schrank abgestellt.

Susanne geht es übrigens ähnlich: Sie entdeckte neulich ein Handy in ihrem Brotkasten. Es war ihr Handy. Nicht ihr Sohn hatte ihr einen Streich gespielt. Sie selbst hatte es reingelegt, nachdem sie während des Telefonierens das Baby gestillt und an dem Brot geknabbert hatte, das sie vorher gekauft hatte.

Multitasking kostet Zeit!

»Ach«, werden Sie jetzt vielleicht sagen, »das ist aber ungünstig. Wurde Multitasking nicht gerade deshalb erfunden, weil der moderne Mensch Zeit sparen will?« Ja, wurde es. Und manchmal funktioniert es auch: zum Beispiel bei Haarshampoos, die gleichzeitig Haarspülungen sind. Oder bei Backöfen, die nicht nur Kuchen backen, sondern sich auch selbst reinigen. Bei mir funktioniert es aber häufig nicht. Ich vermute, es liegt daran, dass ich ein Mensch bin – und kein (Back-)Automat.

Zum Beispiel morgens um Viertel vor sieben: Wie oft habe ich mir schon Zahnpasta aufs frische T-Shirt gekleckert, weil ich beim Zähneputzen rumliegende Badewannenschwimmtiere aufgeräumt habe. Und was kostet es, wenn man frische

T-Shirts wieder auszuziehen und noch mal waschen muss? Genau: Zeit!

Oder abends beim Bügeln: Während die Fernseh-Nonnen diskutierten, wie das mit dem Multitasking zu verstehen sei, habe ich fette Falten in Claras Pünktchenkleid gebügelt. Ich schätze, es brauchte drei Minuten und jede Menge Sprühdampf, bis die Falten wieder raus waren.

Multitasking führt zu herben Verlusten!

Dass mir in meinem Haushalt gelegentlich Dinge an Orten erscheinen, wo sie eigentlich nicht sein können, erwähnte ich bereits. Multitasking kann aber auch den gegenteiligen Effekt haben: Dinge gehen verloren. Manchmal für immer. So habe ich mal 50 Euro im Geldautomaten liegen gelassen, weil ich während des Geldziehens versuchte, Clara zu beruhigen. Sie hatte einen Schreianfall, wegen des Hundes, der hinter uns in der Geldautomatenschlange stand und ihr Eis beschnupperte.

Beinahe hätte ich auch schon mal Jette verloren, weil ich beim Einsteigen in die U-Bahn mit einer Bekannten heftig über das bayerische Schulsystem diskutierte, gleichzeitig den Buggy bugsierte und eine Niesattacke unterdrückte. Als ich in der U-Bahn stand, sah ich, dass Jette noch draußen war. Ich konnte gerade noch panisch den Fuß in die Tür stellen.

»Weißt du was«, sagte ich neulich zu Jochen, »ich möchte mal wieder ganz bei der Sache sein. Etwas machen – und nur das machen. Mit allen Sinnen. Monotasking sozusagen. Das habe ich verlernt.«

Mein Mann schaute mich an. Dann sagte er: »Du brauchst Achtsamkeitsmeditation!« »Achtsamkeits-was??«, fragte ich und dachte, ich hätte nicht richtig zugehört (weil ich nebenher den Tisch abdeckte und gerade den Marmeladendeckel suchte). »Achtsamkeitsmeditation«, sagte Jochen. Eine Kollegin aus seiner Abteilung sei gerade auf einem Seminar gewesen: besinnen, wenig reden, keine Ablenkung, keine Kinder, die ständig »Mama« rufen ...

»Klingt gut«, sagte ich. »Und verrätst du mir auch noch, wo es so ein Achtsamkeitstraining gibt?«

»Im Kloster«, sagte Jochen. »Ich besorg dir die Adresse!«

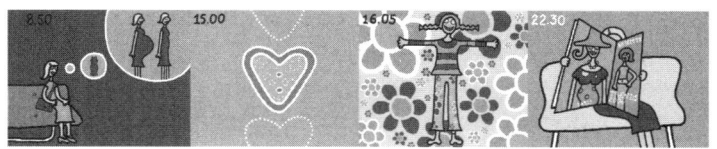

Giraffenkleid trifft Hirschhorn-Herz

Doch, ich möchte schon, dass meine Familie ein bisschen hübsch aussieht. Leider erfüllt sich dieser Wunsch längst nicht immer.

Schon klar, es gibt brisantere Themen als die Kleiderfrage. Aber ich habe festgestellt, dass Klamotten und andere stoffliche Materie einen vergleichsweise großen Teil meiner Zeit in Anspruch nehmen. Was nicht daran liegt, dass ich ständig shoppen gehe, ausgiebig Kinderschlüpfer oder Bettwäsche bügle oder die Sommerkleidchen meiner Töchter selber nähe. Eher daran, dass ich eine Familie habe, die aus vier Personen besteht. Und diese vier Personen sollen schließlich nicht nackt herumlaufen, sondern ordentlich und auch ein bisschen hübsch aussehen.

Doch das ist gar nicht so einfach, wenn zwei der vier Personen zur Fleckenbildung neigen. Und eine der vier Personen (männlich) in modischen Fragen ungefähr so kompetent ist wie ich beim Entlüften eines Dieselmotors.

Empirische Studien an einem alltäglichen Mittwoch haben gezeigt, dass mich die Kleiderfrage und die daran angrenzenden Problemfelder eine Stunde und 46 Minuten in Anspruch genommen haben. Das glauben Sie nicht? Ich werde es Ihnen beweisen.

6.40 Uhr bis 7 Uhr
»Mama, heute ziehe ich mein Giraffenminikleid an.« Clara hat einen Ton, der mir klarmacht: Dies ist ein Befehl. Ich blinzle

nach draußen auf das Thermometer: zehn Grad, ziemlich regnerisch. »Nein«, sage ich, »heute keine Giraffen. Heute sind eher Eisbären unterwegs: Hosenwetter! Dazu den Ringelkapuzenpulli.« Clara mault. Hosen und Ringel mit Kapuze – das ist jungsmäßig. Außerdem hätte ich die Giraffen versprochen.

Wir diskutieren ein bisschen, während ich nebenbei das Pippi-Langstrumpf-Bilderbuch suche: Hat Annika auf dem einen Bild nicht auch einen Ringelkapuzenpulli an?

Clara will nicht aussehen wie Annika aus Schweden. Clara will aussehen wie Hanna aus dem Kindergarten. Hanna hat immer Kleidchen an, auch bei Regen und zehn Grad. Clara heult. Ich sage: »Schluss jetzt! Anziehen. Los!«

Ich gehe zu Jette. An ihrer Trachtenstrickjacke fehlen zwei Knöpfe. Das ist blöd. Weil es sich bei den Knöpfen um eine seltene Sorte Hirschhorn-Herzen handelt.

Immerhin lässt sich Jette ohne großen Widerstand anziehen.

Zeitaufwand: 20 Minuten.

Kommentar: Wir brauchen deutlich öfter Giraffenwetter!

7.45 Uhr bis 8 Uhr

Wir sind früh dran. Gut, dann kann ich noch schnell die nasse Wäsche aufhängen, die seit gestern in der Trommel vor sich hin modert. Ich stelle fest, dass ich diese Tätigkeit hasse. Und zwar aus zweierlei Gründen: Erstens ist die Folge von Wäscheaufhängen aufgehängte Wäsche. Und das bedeutet, dass ich wieder mal einen Tag lang ein Wäscheständerungetüm in der Wohnung habe, was meinem Verständnis von Design nicht unbedingt entspricht. Zweitens hasse ich Wäscheaufhängen, weil ich dabei meistens unliebsame Überraschungen erlebe. Entweder entdecke ich, dass ich ein Schokoei in Jettes Hosentasche übersehen habe. Und dass das Ei stärker war als die Waschwirkung des Weißen Riesen. Oder aber ich finde die Überreste eines Tempos, was fast noch schlimmer ist. Denn nach 90 Minuten im Vollwaschgang sind Papiertaschentücher in winzige Moleküle zerfallen und äußerst anhänglich – sie kleben an allem, was sonst noch in der Trommel war. Und der Wäsche-aufhänger muss fluchend zur Fusselbürste greifen. An diesem Morgen ereilt mich die zweite Variante.

Zeitaufwand: 15 Minuten.

Kommentar: Wieso ich?

8.40 Uhr bis 8.50 Uhr

Ich habe die Kinder in den Kindergarten gebracht. Jetzt bin ich auf dem Weg zur Arbeit, sitze in der U-Bahn und hänge ein biss-chen meinen Gedanken nach. Ganz beiläufig gucke ich auf meine Schuhe: Ich müsste dringend zwei Löcher mehr in die Riemchen machen, damit sie nicht so wackelig sind.

Die Frau gegenüber hat dieses Problem nicht. Sie trägt per-fekte Schuhe, dazu ein schickes Stretchschlauchkleid. Und ich frage mich, ob sie wohl Kinder hat.

Als ich das letzte Mal ein Stretchkleid anhatte, war ich auf einer Hochzeit und Clara gerade fünf Wochen alt. Mein Kleid zeigte, dass ich fast keinen Bauch mehr hatte – und das, obwohl ich sechs Wochen vorher noch aussah, als hätte ich einen Medi-zinball verschluckt. Ich fühlte mich also ziemlich toll.

Bis zu dem Zeitpunkt, als Clara, die wir mit auf die Hochzeit genommen hatten und die in einem Nebenzimmer schlief, auf-wachte und Hunger hatte.

Leider hatte ich als unerfahrene Erstlingsmutter nicht bedacht, dass einteilige Stretchkleider ohne Reißverschluss und Knopf zum Stillen sehr ungünstig sind. So kam es, dass ich auf dieser Hochzeit dreimal für ungefähr 20 Minuten in Unter-wäsche auf der Toilette saß und mein Kind stillte.

Die Frau in der U-Bahn sieht nicht so aus, als hätte sie jemals in ihrem Leben halbnackt ein Kind auf einer bayrischen Wirts-haustoilette gestillt. Ich muss trotzdem lachen, als ich daran denke. Sie lächelt zurück.

Zeitaufwand: zehn Minuten für die Erinnerung.

Kommentar: Stretchkleider sind vielseitig einsetzbar. Man kann sie in U-Bahnen tragen, auf Hochzeiten, schwanger, nicht schwanger, mit Bauch, ohne Bauch. Eher nicht tragen sollte man sie allerdings mit Stillkind.

15 Uhr bis 15.30 Uhr

Heute komme ich früher von der Arbeit und habe noch ein bisschen Zeit. Jochen wird die Kinder vom Kindergarten abholen. Also gehe ich schnell noch ins Kaufhaus zum Minutenschuster und lasse Löcher in meine Schuhriemchen machen. Danach fahre ich ein Stockwerk höher in die Kurzwarenabteilung.

»Hirschhornknöpfe in Herzform?« Die Verkäuferin schaut mich an, als hätte ich ihr ein unmoralisches Angebot gemacht. Zum Glück fällt mir ein, dass es in unserem Viertel einen Trachtenladen gibt. Er heißt »Lederhosenwahnsinn«. Und der Besitzer hat ein Herz für Kinder. Ich hoffe, auch für Knöpfe.

Zeitaufwand ohne Lederhosenwahnsinn: 30 Minuten.

Kommentar: Liebe Kinder, bitte verliert herzförmige Hirschhornknöpfe nur, wenn die dazugehörige Jacke schon zu klein ist.

16 Uhr bis 16.06 Uhr

Ich komme nach Hause. Jochen und die Mädels sind schon da. Jette sieht völlig anders aus als heute Morgen. Sie trägt zu ihrer knopfdezimierten Trachtenjacke ein gestreiftes T-Shirt und Blümchenleggings sowie rosa Socken. Ich schaue meinen Mann verständnislos an. »Ich habe sie umgezogen«, erklärt er. »Sie war total dreckig. Im Kindergarten ist keine Matschhose mehr.«

»Ich weiß«, sage ich. »Aber so kannst du sie doch nicht rumlaufen lassen: Blümchen und Streifen und Rosa auf 96 Zentimetern Kind, das tut ja den Augen weh!«

Mein Mann guckt betreten. Dann sagt er, was er immer in dieser Situation sagt: »Passt das nicht zusammen? Ist mir gar nicht aufgefallen.«

Zeitaufwand: drei Minuten für die Stilkritik, drei Minuten für das Suchen und Anziehen einer augenfreundlichen Hose.

Kommentar: Geschmacksverirrungen sind bei Vätern weit verbreitet, Erziehungsversuche zugehöriger Ehefrauen meist wirkungslos. Diese Form der Wahrnehmungsstörung ist vermutlich auf dem Y-Chromosom verankert.

22.30 Uhr bis 22.50 Uhr

Ich sitze auf dem Sofa und blättere in der »Brigitte«. Ich komme nur bis Seite zehn – denn was sehe ich? Streifen, Blumen, Pünktchen, Ethno-Muster. Fröhlich gemixt und als aktuelles Trendthema deklariert. Unter einem Foto steht: »Blumen und Streifen kontrastieren und passen gerade deshalb so gut zusammen!«

Ich erbleiche. Habe ich meinem Mann womöglich Unrecht getan? Ist er in Wahrheit ein hochtalentierter Trendscout? Bin ich etwa eine Frau mit hoffnungslos altmodischem Geschmack? Ich blättere schnell weiter. Gott sei Dank, schon auf Seite 38 werde ich rehabilitiert: »Schlicht und einfach perfekt!«, steht da – und auf den folgenden Seiten finde ich lauter schnörkellose Klamotten von der Sorte, wie ich sie im Schrank habe. Na also – dann weiß ich wenigstens, was ich morgen anziehe!

Zeitaufwand für die Moderecherche: 20 Minuten.

Kommentar: Kleider machen Leute. Trotzdem mache ich jetzt Schluss mit diesem Thema. Ich muss nämlich noch eine Wäschetrommel befüllen.

Zeitaufwand: fünf Minuten, Taschentuch- und Schokoei-Fahndung inklusive.

Kommentar: ein ganz normaler Mittwoch im Mai!

Von Schabrackentapiren und Fröschen ohne F

Wenn Kinder die Sprache entdecken, beginnt für Eltern eine neue Ära. Es ist die Ära der vielen Worte, der großen Ohren und der Nachschlagewerke.

Am Anfang waren zweimal vier Buchstaben: »Heiß«, kommentierte Clara den Zustand unseres Heizkörpers. »Nein«, kommentierte Jette – ungefähr drei Jahre später – die meisten unserer Erziehungsbemühungen.

Jochen und ich schmolzen dahin: »Heiß« und »nein« gingen als erste ernstzunehmende Wörter unserer Töchter in unsere Tagebuchaufzeichnungen ein. Der Grundstein für eine reibungslose Kommunikation war gelegt – hoffte ich. Fortan würden Jochen und ich nicht mehr lange herumraten müssen: Was bedeutet dieser Schreianfall, diese Schmollschnute, dieses Rumgezappel. Nein, unsere Töchter würden klipp und klar sagen, was Sache ist. Ganz einfach!

Ganz einfach? Heute, ein paar Jahre später, sehe ich das ein bisschen anders. Und finde, man sollte über die sprachliche Entwicklung kleiner Kinder unbedingt ein paar mehr Worte verlieren. Die Fähigkeit, sich vernünftig auszudrücken, ist nämlich nicht nur eine komplexe Lernleistung. Sondern führt mitunter auch zu Situationen, in denen Eltern sich wünschen, die sprachlichen Fertigkeiten ihrer Kinder etwas weniger gefördert zu haben. Was ich damit genau meine? Also:

Vom Reden und Schweigen

Unsere Mädchen sind ziemliche Plaudertaschen. Und ja, ich gebe es zu, wir sind daran nicht unschuldig. Jochen und ich sind ebenfalls recht kommunikativ. Nicht umsonst haben wir auch beruflich mit Sprache zu tun. Wahrscheinlich hat sich das irgendwie in den Genen festgesetzt.

Im Prinzip ist das ja auch in Ordnung. Wenig begeistert bin ich allerdings, wenn unsere Kinder ihre Lust am Lautsprachlichen schon morgens um halb sieben kundtun: Ich will vor dem Frühstück nicht erfahren, dass das Pixibuch von »Prinzessin Horst« soeben ins Klo gefallen ist. »Ganz aus Versehen, Mama, ehrlich! Wie kriegen wir das jetzt wieder raus? Mama, wir haben es schon mit der Spaghettizange versucht!«

»Spaghettizange???«

»Mama, wir müssen unbedingt was machen, sonst geht Prinzessin Horst unter und verstopft bestimmt das Klo. Mama, jetzt mach doch endlich mal die Augen auf!«

Kommt der Unfallbericht von Clara, ist er meistens in fließendem Deutsch verfasst. Kommt er von Jette, bleiben manchmal Fragen offen. Nicht nur, weil Jette eine seltene Variante eines Schweizer Dialekts spricht (das »ch« in »ich« oder »nicht« klingt bei ihr wie eine Rachenkrankheit). Wenn ihr das richtige Wort nicht einfällt, denkt sie sich einfach eins aus und gibt ihren Zuhörern das Gefühl, es liege an ihrem schwerfälligen Verstand, wenn sie das nicht verstehen.

So berichtet sie für gewöhnlich mit wichtigem Augenrollen von geplatzten Luftgebumms (Luftballons) und Tropfelasen (Luftmatratzen), die wie Srokolile (Krokodile) oder Srösse (Frösche) aussehen. Statt Prinzessinnen ins Klo fallen ihr Rasettenkurordas (Kassettenrekorder) vom Sreibtiss (Schreibtisch). Und ganz schlimm ist, wenn eine Sliige (Fliege) in ihrer Nähe ist. Jette hasst Sliigen, vor allem wenn sie rumsliigen.

»Jette«, sage ich jedes Mal, »du musst keine Angst haben. Die tun nichts. Außerdem ist das keine Sliige, sondern eine Flflfl-Fliege. Sag mal Flummi.«

»Slummi!«

Wie gesagt: Unsere Kinder reden ziemlich viel und ziemlich gern. Sie hören aber auch sehr genau zu. Vor allem dann, wenn sie eigentlich besser weghören sollten.

Neulich erzählte ich Jochen von U., einer Bekannten, die ich auf der Straße getroffen hatte: »Du«, sagte ich, »U. sieht aus, als ob sie schwanger ist, mindestens fünfter Monat. Kann das denn sein, sie ist doch schon weit über 40?« »Hm«, machte Jochen versonnen, »vielleicht hat sie zu viele Nutellabrote gegessen.«

Drei Wochen später traf ich U. erneut. Ich hatte Clara dabei. Die Bekannte ihren Bauch. Er war zwar nicht größer geworden, aber immer noch ziemlich rund. Clara guckte interessiert auf U.s Körpermitte. Dann sagte sie: »Die Mama hat gesagt, du kriegst ein Baby, obwohl du schon weit über 14 bist.«

U. guckte irritiert. Und ich begriff sofort: Kein Baby! Nutellabrote! Es war einer dieser Momente, in denen ich beschloss, fortan für immer zu schweigen.

Vom Fragen und Antworten

Ja, natürlich weiß ich's: Kinder stellen Fragen. Und Eltern sollten diese Fragen beantworten – am besten kurz und bündig, kindgerecht und natürlich korrekt. Nun ist es aber so, dass die Hälfte des verbalen Outputs bei meinen Kindern mit W anfängt und mit einem Fragezeichen aufhört. Im Prinzip könnte ich also den ganzen Tag nichts anderes tun als Fragen beantworten. Deshalb möchte ich jetzt zur Abwechslung auch mal eine Frage stellen. Ich frage Sie: Wie antwortet man kurz und bündig, wenn eine Dreijährige wissen will, warum der Schabrackentapir im Zoo Schabrackentapir heißt?

Oder, wenn eine Sechsjährige wissen will, was Bodybuilding ist. »Das ist Englisch«, sagte ich neulich zu Clara. »Und wenn Leute das machen, werden sie superstark.«

»Ach«, sagte Clara. »Und wie heißen dann die Leute, die Jettes Streifenbodys machen?«

Zufriedenstellende Antworten fallen mir in der Regel auch schwer, wenn es in den physikalischen oder technischen Bereich geht. Selbst eine relativ banale Frage wie: »Warum fahren Autos von allein«, erzeugt bei mir Schweißausbrüche. Ich stammle dann meistens etwas von »Deutschem Museum« und »Papa fragen«. Und fühle mich ein bisschen wie Heinz Rühmann in der »Feuerzangenbowle«: Gleich kommt die Dampfmaschine, und alle werden lachen!

Auf der Hut bin ich auch bei Fragen aus dem politischen Bereich. »Mama, was ist ein Bundesrat?«, fragte Clara neulich, nachdem sie nach dem Sandmännchen in die Sieben-Uhr-Nachrichten geraten war. »Also«, sagte ich, »im Bundesrat denken Leute über neue Gesetze nach, die die Regierung gemacht hat.«

»Gehört die Bundeskanzlerin eigentlich auch zur Regierung?«, fragte Clara, als sie Frau Merkel kurz darauf durch die Nachrichten hetzen sah. »Ja«, sagte ich. »Was ist eine Bundeskanzlerin?«, wollte Clara weiter wissen. »Das ist die Chefin von unserem Land.«

»Ach so«, sagte mein Kind in einem Ton, der klang, als ob es das Normalste von der Welt ist, dass Frauen Regierungschefinnen sind.

Doch dann, als Frau Doktor Merkel gerade ein ausführliches Interview zur bevorstehenden Gesundheitsreform gab, stellte Clara die finale Frage: »Du, Mama, ist die Chefin eigentlich jünger als du?«

Vom Lesen und Schreiben

Wenn Kinder älter werden und das mit dem gesprochenen Wort gut klappt, entdecken sie neue sprachliche Bereiche: das gelesene und das geschriebene Wort.

Clara kommt in diesen Tagen zur Schule, doch Wörter und Buchstaben in Schriftform üben bereits seit längerem eine große Faszination auf sie aus. Schon mit vier entdeckte sie auf jeder zweiten Litfaßsäule haufenweise Esse und Ces und As:

Für sie waren das geheime Botschaften aus der rätselhaften Erwachsenenwelt.

Inzwischen hat sie eine Lieblingsbeschäftigung: Zeitung-Abschreiben. Oft sitzt sie schon morgens am Küchentisch, studiert die Tageszeitung und macht sich geschäftig zwischen zwei Löffeln Müsli Notizen. Nach einiger Zeit fragt sie dann meistens: »Mama, was hab ich geschrieben?« Und ich muss vorlesen, was da in Krakelschrift steht: »Alles muss raus!« »Skandal-Sperre für Frings.« »Das Börsenbarometer.« Oder: »Geiz ist geil!«

Mit dem Selberlesen klappt es bei Clara noch nicht so richtig. Aber das macht nichts. Auch Vorlesen ist eine feine Sache. Vor allem abends: Man kann ein bisschen zusammen kuscheln und zur Ruhe kommen. Und ganz nebenbei tut man was dafür, dass das Kind schlauer, konzentrierter, fantasievoller wird. Sagen jedenfalls die Bildungsforscher.

Außerdem machen Vorleser tolle Bekanntschaften: zum Beispiel mit dem Stachelschwein, das Kuschel heißt, aber gar nicht kuschelig ist.[12] Oder mit Frau Meier, die immer Angst hat, dass in der Kurve vor ihrem Haus ein Reisebus umstürzt und sie dann nicht genug Marmorkuchen für die Gestrandeten hat.[13] Oder mit den 92 Männern und 13 Frauen, die zusammen ein Orchester sind und sich ziemlich lange anziehen …[14]

Kuschel, das Stachelschwein, Prinzessin Horst, Frau Meier, das Socken suchende Philharmonie-Orchester – sie alle werden mir sehr fehlen, wenn ich nicht mehr vorlesen kann, weil meine Kinder selber lesen.

Und noch etwas beunruhigt mich: Was wird aus meinen Alltagsgeschichten, wenn Clara und Jette alles mitlesen? Wahrscheinlich werde ich angesichts dieser kritischen Kontrollinstanz eine ausgewachsene Schreibhemmung bekommen. Und mich nicht mehr auf die Straße trauen.

Was soll ich tun, wenn wir Bekannte wie zum Beispiel U. treffen und Clara sagt: »Du, weißt du, was lustig ist: Die Mama hat gedacht, dass du ein Baby kriegst. Dabei stimmt das gar nicht. Der Papa sagt, du hast bloß zu viele Nutellabrote gegessen. Und weißt du, was noch lustiger ist: Die Mama hat über dich und die Nutellabrote einen Artikel geschrieben.«

Wenn Eltern Paare bleiben wollen

Regelmäßig Theater besuchen, hübsche Postkarten schreiben, ab und zu in die Luft gehen: »Ehepflege« kann harte Arbeit sein!

Heute war ich auf einer Dienstreise in Berlin: »Wenn Paare Eltern werden« hieß die Veranstaltung – und es ging um die Tatsache, dass selbst Paare, die noch im siebten Schwangerschaftsmonat einträchtig Kinderzimmerwände gelb streichen, nach der Geburt ihres Babys jede Menge Zoff haben. Das Thema war sehr interessant. Und die Experten – Familienforscher und Psychologen – sagten kluge Sachen.

Sie sagten zum Beispiel, dass viele frischgebackene Väter nach der Geburt viel mehr im Büro sind als in kinderlosen Zeiten. Und dass viele frischgebackene Mütter es gar nicht toll finden, plötzlich den ganzen Tag allein zu Hause mit dem Baby und der Bügelwäsche zu verbringen. Und dass die Frauen dann rumnörgeln, weil sie diese Aufgabenverteilung unfair finden. Und dass die Männer auch rumnörgeln, weil sie finden, ihre Frauen seien viel zu sehr auf das Baby fixiert. Auf jeden Fall – meinten die Familienforscher – sei es für viele Paare nicht einfach, mit Kindern ein Liebespaar zu bleiben.

Jetzt bin ich auf dem Rückweg von der Veranstaltung. Und mein Kopf ist ziemlich voll. Am Flughafen kaufe ich noch schnell zwei Paar Blümchen-Flipflops für meine Mädels als Mitbringsel. Dann hetze ich zum Gate.

Als ich im Flieger sitze, muss ich wieder an die Familienforscher denken: Nein, nein, bei uns ist das alles ganz anders! Unsere Rollenverteilung ist fair. Jochen kümmert sich auch um die Kinder, und ich kümmere mich auch ums Geldverdienen. Den Haushalt teilen wir uns. Alles kein Thema. Alles paletti in dieser Beziehung.

»Na ja«, sagt da plötzlich eine Stimme in meinem Hinterkopf, »ich hätte da schon ein paar Anmerkungen. Zum Beispiel die Flipflops: Den Kindern bringst du was mit. Und was kriegt dein Mann? Der schmeißt immerhin zu Hause den Laden, während du auf Reisen deinen Geist erfrischst.«

»Ach was«, sage ich, »Jochen erwartet doch gar nicht, dass ich ihm was mitbringe.«

»Aber er würde sich freuen«, kontert die Stimme: »Du weißt doch: Eine Paarbeziehung wird immer schlechter, wenn man nichts dafür tut …«

Und dann erinnert mich die Stimme an die fiesen Studienergebnisse, die die Familienforscher vorhin dick unterstrichen hatten: »40 Prozent aller Paare haben sich 4,5 Jahre nach der Geburt des ersten Kindes schon wieder getrennt!«

600 Kilometer vor München schaue ich aus dem Fenster in eine geschlossene Wolkendecke und rechne heimlich nach: Clara ist am 6. Juli 2000 geboren. Was haben wir 4,5 Jahre später gemacht? Das war der Nikolaustag 2004. Da haben wir uns Schokoweihnachtsmänner in die Schuhe gesteckt. An Trennungsgedanken kann ich mich nicht erinnern.

»Trotzdem«, sagt die Hinterkopfstimme, »Paarbeziehungen werden oft schleichend schlechter: Man entfernt sich ganz allmählich voneinander. Das nennt man Beziehungs-Erosion.«

500 Kilometer vor München: Während mein Nachbar entspannt einen Artikel über steigende Börsenkurse liest, überlege ich angestrengt, ob meine Ehe auf dem absteigenden Ast ist.

Ich frage mich: Könnte es ein Anzeichen für Beziehungs-Erosion sein, wenn der erste Satz, den man morgens zu seinem Liebsten sagt, nicht »Guten Morgen, Schatz« lautet. Sondern:

»Jochen, guck mal, Jette hat ein dickes Auge, bestimmt Bindehautentzündung, ansteckend, sie kann nicht in den Kindergarten! Wie machen wir das jetzt? Ich muss unbedingt ins Büro, Johochen!«

Oder wenn man abends nicht mit seinem Angetrauten auf Tuchfühlung geht, sondern stattdessen auf dem Sofa frisch gewaschene Kinderstrümpfe verteilt und versucht, Paare zu finden, obwohl die Strümpfe aus unerklärlichen Gründen zur Vereinzelung neigen?

»Ja«, sagt die Stimme unerbittlich, »das könnte ein Zeichen für Beziehungs-Erosion sein.«

400 Kilometer vor München: Der Himmel hängt voller Wolken. Mir fällt ein, dass Jochen und ich in letzter Zeit ziemlich selten ausgegangen sind. Früher, als wir nur Clara hatten, war das anders. Da sind wir sogar mal ohne Kind weggefahren. Ehepflege nannten wir das. Wir pflegten unsere Ehe in Salzburg. Oder in Prag.

Einmal, es war drei Monate vor Jettes Geburt, waren wir sogar auf Mallorca: »Eine Woche, einsame Finca, nur wir zwei. Und Clara bringen wir zu Oma und Opa«, hatte Jochen gesagt und spontan im Internet gebucht.

Doch an Tag zwei auf der einsamen Finca rief meine Schwiegermutter aus Franken an und sagte, Clara habe Fieber und Husten und Heimweh. An Tag drei auf der einsamen Finca kriegte ich selber eine Erkältung und rasendes Kopfweh. Und an Tag vier versuchte ich einer mallorquinischen Apothekerin zu erklären, dass ich was gegen verstopfte Stirnhöhlen bräuchte, aber es dürfte dem Baby in meinem Bauch nicht schaden.

Auf jeden Fall haben wir seither keinen längeren Ehepflegetrip mehr gemacht. Irgendwie passte es nie.

»Jaja«, sagt die Stimme in meinem Hinterkopf, »kein Babysitter, zu müde, harter Tag morgen – alles faule Ausreden! Es muss ja nicht gleich Mallorca sein. Ein Theater-Abo tut es auch. Wichtig ist, dass es was kostet. Dann kriegt ihr auch den Hintern hoch.«

Ich frage mich, ob die im Residenztheater wohl Karten-Kontingente für Eltern mit ehepflegerischen Ambitionen haben.

300 Kilometer vor München rumort meine Hinterkopfstimme weiter. Ich sage: »Okay, ich muss dir noch was beichten: Wir hatten in letzter Zeit ziemlich viele Gelbe-Zettel-Tage – du weißt schon, diese Tage, an denen Jochen und ich uns kaum sehen. An denen wir alles, was für die Organisation des Alltags gesagt werden muss, auf gelbe Zettel schreiben, die wir an den Kühlschrank kleben. Also zum Beispiel: ›Musikschule fällt aus!‹ Oder: ›Jette ist bei Myri!‹«

Die Stimme fasst meine Ausführungen noch einmal zusammen: »Gelbe-Zettel-Tage sind Tage, an denen ihr kein Paar, sondern ein Zwei-Personen-Versorgungstrupp seid, der atemlos ein Familienunternehmen organisiert und die dazugehörigen minderjährigen Mitglieder bespaßt.«

»So ungefähr«, sage ich verzagt. Wahrscheinlich wird mir die Stimme in meinem Hinterkopf jetzt endgültig bescheinigen, dass die Beziehungs-Erosion bei Jochen und mir bereits unaufhaltsam fortgeschritten ist.

Doch 200 Kilometer vor München lockern sich die Wolken auf. Und vielleicht liegt es daran, dass die Stimme plötzlich wieder versöhnlicher wird. Sie sagt: »Gelbe-Zettel-Tage sind Beziehungskiller. Aber mit zwei kleinen Kindern ist es wohl manchmal so: Statt sich mit Herzensdingen zu beschäftigen, muss man zum Schwimmkurs oder in die Elternbeiratssitzung. Oder Jettes Po abputzen. Oder Claras T-Shirts waschen.«

»Genau«, sage ich, »der Zeit-Kuchen wird ja nicht größer.«

»Trotzdem könntest du auch mal was Nettes auf die gelben Zettel schreiben«, sagt die Stimme und klingt richtig kooperativ. »Und bei der nächsten Dienstreise nimmst du eine schöne Postkarte und schickst sie deinem Mann ins Büro. Geht schneller als Flipflops kaufen.« »Mach ich«, sage ich.

100 Kilometer vor München haben sich die Wolken verzogen, und von irgendwoher kommt ein Sonnenstrahl. Der Mann neben mir blättert jetzt in einem Möbelprospekt. Das heitert mich weiter auf. Denn es erinnert mich daran, dass Jochen und ich neulich einen überaus vergnüglichen Samstagabend hatten: Nachdem die Kinder im Bett waren, hatten wir versucht, eine Hängelampe aus dem Sortiment eines schwedischen Einrichtungshauses zusammenzubauen. Und ich finde: Das Verhalten eines Paares beim gemeinsamen Aufbauen von Schweden-Möbeln sagt viel über die Qualität der Beziehung aus. Das von uns ausgewählte Lampenmodell bestand nämlich aus circa 34 Teilen, und die Bauanleitung war futsch – weil die Kinder daraus Kaufladen-Spielgeld gemacht hatten. Irgendwann kapitulierten wir.

»Habt ihr euch angeschrien?«, fragt die Stimme in meinem Hinterkopf. »Gab es irgendwelche Schuldzuweisungen?« »Nein«, sage ich. »Wir hatten einen Lachanfall. Und holten schließlich die Nachbarn. Es gab Rotwein und am Ende auch Licht.«

»Das ist ein gutes Zeichen«, sagt die Stimme. »Eben«, pflichte ich ihr bei. »Und jetzt muss ich aufhören mit dem Gespräch. Der Flieger landet nämlich.«

Als ich zu Hause die Tür aufschließe, rufen die Kinder: »Hast du uns was mitgebracht?« Ich hole die Badelatschen raus. »Hättest du auch gern Blümchen-Flipflops gehabt?«, frage ich Jochen. »Eher nicht«, lacht der. »Aber jetzt erzähl: Wie war der Kongress? Hast du neue Ideen für Artikel gekriegt?«

»Ja«, sage ich, »war sehr ergiebig, der Kongress. Aber noch ergiebiger war der Flug!«

Ich sag das jetzt zum letzten Mal!

Kinder lieben Wiederholungen. Eltern weniger. Jedenfalls, wenn es sich um unaufgeräumte Zimmer und wandernde Cornflakes-Teller handelt.

Häufig fühle ich mich wie ein alter CD-Player, bei dem eine unsichtbare Hand immer wieder die Resettaste drückt.

Häufig fühle ich mich wie ein alter CD-Player, bei dem eine unsichtbare Hand immer wieder die Resettaste drückt ...

Das sagte ich bereits?

Oh, Entschuldigung! Ich habe ganz vergessen, dass ich in der Redaktion vor dem Computer sitze. Und nicht zu Hause. Zu Hause fühle ich mich nämlich oft wie ein alter CD ... Na, Sie wissen schon! Zu Hause muss ich alles dreimal sagen. Ach was: hundertmal. Jedenfalls kommt es mir so vor!

Ich muss hundertmal sagen: Clara, sammle bitte die 23 Deko-Röschen von der Puppen-Hochzeitskutsche und die 73 Bügelperlen vom Fußboden auf. Ich will gleich staubsaugen.

Ich muss hundertmal sagen: Jette, hör auf, mit der teuren Kinderzahnpasta im Waschbecken rumzuschmieren. Ich muss hundertmal sagen: Kinder, hüpft nicht mit Schuhen auf dem Sofa rum! Ich muss hundertmal fragen: Wer hat schon wieder mit meinem Lippenstift Prinzessin Lillifee gespielt?

Zu Hause bin ich ein verbaler Wiederholungstäter. Und das Schlimme ist: Oft werden meine Wünsche auch nach der soundsovielten Wiederholung nicht erfüllt. Sie scheinen irgendwo zwischen mir und den Kindern im Nirwana zu verpuffen. Oder allenfalls ein müdes: »Gleich, Mama«, oder: »Das war ich nicht« hervorzurufen.

Kurz: Unsere Kinder hören schlecht! Und das liegt mit an Sicherheit grenzender Wahrscheinlichkeit nicht an ihren Ohren.

Denn erstens versichern Omas, Opas, Patentanten, ja sogar anspruchsvolle Kindergartenerzieherinnen glaubhaft, dass Clara und Jette bei ihnen durchaus kooperative Geschöpfe seien.

Und zweitens muss ich immer wieder feststellen, dass es Sätze gibt, die bei unseren Kindern sofort und vollständig ankommen, auch wenn ich sie nur flüstere. Dazu gehören zum Beispiel Sätze, in denen das Wort »Eis« vorkommt. Oder das Wort »Geschenk«. Auch bei »Überraschung« und »Geheimnis« verbessert sich das Hör- und Reaktionsvermögen unserer Kinder schlagartig und ohne jede ohrenärztliche Hilfe.

Nein, Clara und Jette hören nur dann schlecht, wenn ich was von ihnen will, was sie nicht wollen (23 versprengte Hochzeitskutschendekoröschen vom Kinderzimmerfußboden sammeln). Oder wenn ich was von ihnen nicht will, was sie wollen (klebrige Apfelsaftbecher in der Wohnung rumtragen).

»So geht es nicht weiter«, sagte ich neulich zu Jochen. Und wir beschlossen, die einschlägige Literatur zu durchforsten. Wir stellten fest: Es gibt eine Menge Literatur, die sich mit den verschiedenen Stadien von Erziehungstaubheit beschäftigt. Und wir folgerten daraus: Es muss sehr vielen Müttern und Vätern so gehen wie uns.

In den Büchern standen dann auch durchaus nachvollziehbare Dinge: z. B. dass Aufforderungen und Bitten eher erhört werden, wenn Eltern ihre Wünsche möglichst konkret und natürlich ohne Ironie an die Kinder herantragen.

»Schon klar«, meinte Jochen, als er das las: »Die meinen, wir sollen nicht sagen: Mensch, Jette, du bist das größte Ferkel aller Zeiten! Sondern lieber: Jette, nimm doch bitte ein Messer, wenn du Leberwurst aufs Brot schmierst, und nicht den Finger.«

116

Ganz wichtig, sagten die Bücher, sei es auch, in einem freundlichen, aber bestimmten Ton mit dem Kind zu reden. Und beim Aussprechen von Ver- und Geboten den richtigen Zeitpunkt zu treffen. Ehrlich gesagt: Es fällt mir sehr schwer, freundlich mit meinem Kind zu sprechen, wenn es an drei Abenden in Folge sein Quarkbrot runterschmeißt – weil es erstens testen will, wie groß die Wahrscheinlichkeit ist, dass das Brot mit der Quarkseite nach unten fällt. Und weil es zweitens testen will, wer diesmal den Quark vom Fußboden wischt.

Es fällt mir auch schwer, bei Quarkbroten den richtigen Zeitpunkt für eine Runterwerf-Warnung auszumachen. Der beste Zeitpunkt wäre wohl der Moment, in dem das Quarkbrot noch nicht runtergefallen ist, man aber aus dem Augenwinkel erkennt, dass die Kinderhand, die das Quarkbrot hält, eine verdächtige Bewegung macht. Allerdings ist es für Abendbrot essende (und hungrige) Eltern eine nicht zu unterschätzende Konzentrationsleistung, genau diesen Moment zu erwischen.

Auch beim Aufräumen ist mir die Sache mit dem Zeitpunkt nicht so ganz klar. Natürlich weiß ich, dass Clara und Jette und wahrscheinlich 99 Prozent aller anderen Kinder nicht aufräumen wollen, wenn sie todmüde sind. Oder gerade Sandmännchen gucken. Aber: Unsere Kinder wollen auch nicht aufräumen, wenn sie ausgeschlafen sind und kein Sandmännchen gucken. Für sie ist sogar Langeweile besser als Aufräumen.

Die Theorie schien uns also nicht richtig weiterzubringen. Und deshalb nahm ich mir vor, das Thema beim nächsten Kaffeeklatsch mit Ute, Andrea und Ina praktisch anzugehen.

»Was macht ihr denn eigentlich, wenn eure Kinder nicht tun, was ihr von ihnen wollt – und ihr alles hundertmal sagen müsst?«, fragte ich nach dem zweiten Cappuccino.

»Ich schmeiß mich auf die Erde und schreie«, sagte Ute, die ihren Söhnen morgens hundertmal sagen muss, dass sie beim Anziehen nicht trödeln sollen. Und dass zwischen Gürtelzumachen und Bob-der-Baumeister-T-Shirt-Suchen keine Zeit ist, noch das 32-Teile-Puzzle mit der Maus zu machen.

»Wie«, zweifelte ich, »und das hilft?« »Wenn ich es nicht zu oft mache, ja«, sagte Ute. »Die Jungs sind zumindest für die nächsten fünf Minuten so verblüfft, dass sie alles tun, was ich von ihnen will. Und das reicht, um pünktlich in den Kindergarten zu kommen.«

Ich konnte mir das nicht richtig vorstellen. Und ich fragte mich, ob Ute diese Taktik auch im Supermarkt anwendet – zum Beispiel, nachdem sie ihren Kindern hundertmal gesagt hat, dass Überraschungseier, die noch nicht bezahlt sind, nicht angebissen werden dürfen.

Andrea, die drei Kinder in vier Jahren gekriegt hat, sah die Sache eher abgeklärt: Erziehung, meinte sie, gehe nicht ohne Wiederholung. Kleine Kinder wären eben von Natur aus stockkonservativ. Und wollten immer dasselbe. »Ich mache fünfmal die Woche Nudeln mit roter Soße. Ich spiele an jedem Geburtstag Topfschlagen. Da wäre es doch geradezu besorgniserregend, wenn ich einen Satz wie ›Bitte-mach-den-Mund-auf-wenn-ich-dir-die-Zähne-putzen-will!‹ nur einmal sagen müsste, oder?«

Wiederholungen machen Eltern für Kinder berechenbarer und geben ihnen Sicherheit – glaubt jedenfalls Andrea. Außerdem bestünde ja zumindest theoretisch die Chance, dass ihre Wünsche beim einhundertundersten Mal erhört würden. Und deshalb wäre es doch besser, etwas hundertmal zu sagen – als zu resignieren und gar keine Regeln aufzustellen. »Mensch«, sagte ich, »du bist aber entspannt. Ich bewundere dich!«

Ina, die Vierte in unserem Bunde, bewunderte Andrea auch.

Ina hat ihren Kindern nämlich schon hundertmal gesagt, dass am Küchentisch gegessen wird und nicht im Schneidersitz auf dem Kinderzimmerboden. Und dass sie wirklich keine Lust mehr hat, die Milchstraßen wegzuwischen, die die abgewanderten Cornflakes-Teller meistens hinter sich herziehen.

»Wenn gar nichts mehr geht, schließe ich die Küchentür ab. Und stecke den Schlüssel ein«, sagte Ina. »Und dann?«, fragte ich.

»Dann ist die Küche zu. Und die nächste Mahlzeit fällt aus!«

Genau so, sagte Ina, handhabe sie es mit dem Zähneputzen: »Wer auch nach dreimaliger Aufforderung nicht den Mund aufmacht, kriegt am nächsten Tag nichts Süßes.« Diese Taktik habe sie frei nach dem Erziehungsgrundsatz ersonnen: Wer nicht hören will, muss die Konsequenzen tragen!

Inas Taktik gefiel mir. Und so beschloss ich, beim nächsten Aufräumstreit alle rumfliegenden Hochzeitskutschendekoröschen einzusaugen. Und die 73 Bügelperlen dazu.

Doch es kam anders. Zwei Tage nach unserem Kaffeeklatsch wurde ich nämlich Zeugin einer Mutter-und-Kind-Szene. Und diese Szene fand in unserem Kinderzimmer statt: Die Mutter (Clara) hielt dem Kind (Jette) eine Standpauke: »Halloo«, sagte sie mit drohender Stimme, »spreche ich vielleicht Chinesisch? Ich sage es jetzt zum letzten Mal: Räum diese verdammten Dingsbumsblumen vom Fußboden auf. Sonst hole ich den Staubsauger. Und dann sind alle weg!«

Daraufhin brach das Kind theatralisch in Tränen aus. Beruhigte sich aber bald und sprach mit gefasster Stimme: »Die Dingsbumsblumen von der Hochzeitskutsche sind sowieso doof. Die fallen immer ab. Die will ich gar nicht mehr!«

Die Mädchen kicherten. Ich grinste vor der Zimmertür. Und wartete. Irgendwas fehlte: Ach ja, es war die unsichtbare Hand, die sonst immer meine Resettaste drückte. Dabei hätte ich in diesem Fall nicht mal was dagegen gehabt.

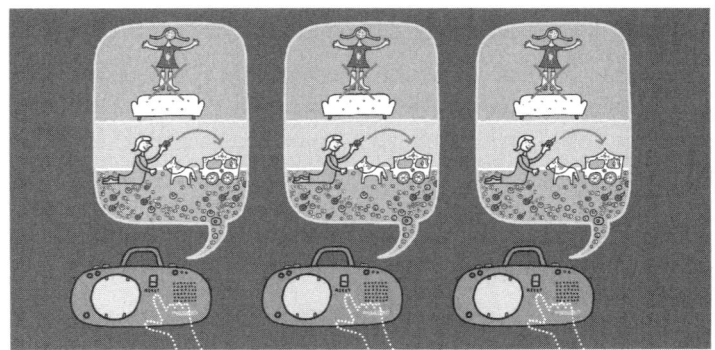

Wünscht euch was!

Vor dem Schenken kommt das Wünschen. Dazu braucht man Zeit, viel Papier, Gehilfen, die gute Nerven haben und starke Arme.

Es soll ja Leute geben, die sich zu Weihnachten nichts schenken. Die sagen: »Alles bloß Kommerz, da machen wir nicht mit! Nein, wir kochen fein, zünden die Kerzen an, hören das Oratorium von Bach. Und dann, am zweiten Weihnachtstag, fahren wir weg. Ist viel besinnlicher und viel stressfreier!«

Sicher haben diese Leute nicht Unrecht.

Für Jochen und mich kommt diese Variante trotzdem nicht infrage. Denn wir haben zwei kleine Kinder. Und jeder Mensch weiß, dass an Weihnachten Christkinder und Weihnachtsmänner unterwegs sind und Geschenke bringen. Wenn sie keine Geschenke bringen, ist das für Kinderseelen schwer zu verkraften. Und für die dazugehörigen Eltern auch. Denn was sollen sie sagen: Das Christkind, das für unseren Stadtteil zuständig ist, hat sich bei der Geschenkezustellung im Nachbarhaus einen Flügel gebrochen und konnte nicht zu euch kommen? Oder: Wir haben vergessen, dem Christkind nach dem Umzug die neue Adresse zu schicken?

Nein, nein, das geht gar nicht! Und eben deshalb gibt's bei uns auch Geschenke. Vor den Geschenken kommt allerdings

das Wünschen. Und das fängt schon viele Wochen vor Heiligabend an:

Wünsche haben. Oder: Die Zeit davor

Unsere Kinder beginnen meistens schon in der zweiten No-
vemberhälfte mit der Wunschzettel-Produktion.

Wunschzettel, das wissen Clara und Jette, sind wichtig.
Denn man kann sich nie sicher sein, ob Mama, Papa, Oma, Opa
oder Patentante Rieke auch wirklich zuverlässig sind und die
mündlich geäußerten Wünsche an das Christkind weiterleiten.
Gerade in der stressigen Adventszeit sind die Erwachsenen
ziemlich vergesslich. Deshalb macht man das Ganze besser
schriftlich.

Clara und Jette produzieren in der Regel drei bis fünf verschiedene Wunschzettel-Versionen. Bei Clara sind das meistens
ausgeschnittene Spielzeugwerbungen, die sie aufklebt und mit
allerlei Pfeilen und Buchstaben hübsch verziert.

Jettes Domäne sind eher vielsagende Farbflächen: »Und was
ist das?«, muss ich dann meistens fragen und auf das grüne Kritzikratzi zeigen: »Aha, eine Babypuppe, die Pipi machen kann.
Und das rote Kritzikratzi?« »Das rote Kleid von der Babypuppe.« »Und das gelbe Kritzikratzi? Ist das die gelbe Mütze von
der Babypuppe?« »Mama! Das ist das Töpfchen!«

Die Schwierigkeit besteht für unsere Kinder meistens darin,
die fünf wichtigsten Wünsche auszuwählen. Denn natürlich
wissen sie, was auch ich als Kind schon wusste: Eigentlich hat
an Weihnachten das Jesuskind Geburtstag. Dass auch Kinder
ohne Geburtstag sich was wünschen dürfen, ist eine Ausnah-
me. Und wenn mehr als fünf Wünsche auf dem Wunschzettel
sind, findet das Christkind das ziemlich unverschämt.

Die Frage ist bloß: Was sind die fünf wichtigsten Wünsche,
wenn man drei Jahre alt ist. Oder sechs. »Ein Fahrrad«, sagte
Clara vor ein paar Tagen, »ich wünsche mir ganz doll ein neues
Fahrrad. Es muss einen roten Sattel haben. Und große Reifen.
Ich bin ja jetzt Schulkind!«

»Ein Fahrrad ist ein sehr großer Wunsch, da kannst du höchstens noch vier klitzekleine hinschreiben«, sagte ich. »Haarklämmerchen zum Beispiel. Oder Ausnähkarten.«

Dieser Einwand brachte Clara in schwere Nöte, denn sie wünscht sich außerdem ein Prinzessinnenschloss mit schätzungsweise 112 Teilen und Winterstiefel aus rotem Lackleder und »Clikits« und für die Hausaufgaben einen hellgrünen Schreibtischdrehstuhl mit Barbie drauf.

»Das findet das Christkind bestimmt unverschämt«, sagte ich, als sie mir ihren Wunschzettel zeigte. »Da musst du was durchstreichen.«

Fünf Minuten später kam Clara wieder: Ihre fünf Wünsche waren immer noch die gleichen, aber neben den Stuhl, den sie aus dem Katalog ausgeschnitten hatte, hatte sie jetzt »Iikea, nur 19 Eruo« geschrieben. Und für das Fahrrad hatte sie auch eine Idee: »Wenn wir da jetzt ›Secondhandladen‹ hinschreiben, meinst du, das ist dann noch immer unverschämt?«

Wünsche auf die Reise schicken. Oder: Die Zeit ist reif

Am 5.12. ist es dann immer so weit: Die letzte Wunschzettelversion wird verabschiedet, zusammengerollt und kriegt einen himmlischen Adress-Aufkleber. Dann kommt alles in den Schuh. Der Schuh kommt vor die Tür. Und am nächsten Tag sind alle Wünsche weg. Denn der Nikolaus hat sie mitgenommen. Jetzt gibt es für Clara und Jette nichts mehr zu tun. Außer, das Marzipan aus dem Nikolausschuh zu essen. Und zu hoffen, dass die Wünsche gut ankommen. Und sich erfüllen.

Wünsche erfüllen. Oder: Die harte Zeit der Gehilfen

Wünsche erfüllen ist ein Knochenjob: zumindest für die Wunscherfüllungsgehilfen, die bei uns Jochen und Anke heißen – und die dem Christkind beratend zur Seite stehen.

Wunscherfüllungsgehilfen müssen an langen Samstagen in Spielzeugabteilungen hin- und herlaufen und überforderte

Fachverkäuferinnen zu unsicheren Prognosen verleiten, die in etwa so klingen: »Das Prinzessinnenschloss hat Lieferschwierigkeiten, wahrscheinlich kommt es in der 51. Kalenderwoche. Aber sicher versprechen kann ich das nicht!«

Wenn das Prinzessinnenschloss keine Lieferschwierigkeiten hat, ist es fast noch schlimmer. Denn nun müssen die Wunscherfüllungsgehilfen das Schloss mit seinen sämtlichen Türmen und adeligen Bewohnern durch das volle Einkaufszentrum schleppen.

Auch auf geistiger Ebene müssen Wunscherfüllungsgehilfen einiges leisten: So sind mitunter langwierige Recherchen nötig, bis klar ist, wer oder was zum Beispiel ein »Clikit« ist. Nachdem mir eine Freundin erzählte, ihr neunjähriger Sohn wünsche sich einen »ARC 170 fighter«, eine »Beyblade-Arena« und ein »duell disk« für die »Yo-Gi-Oh-Karten«, vermute ich, dass sich mein Rechercheaufwand in den nächsten Jahren noch erhöhen wird.

Eine durchaus anspruchsvolle Tätigkeit ist Wünsche-Erfüllen auch deshalb, weil Jochen und ich uns als kritische Wunscherfüllungsgehilfen verstehen. In dieser Funktion haben wir die Aufgabe, zu entscheiden, ob das Prinzessinnenschloss nun pädagogisch sinnvoll ist. Oder ob es in die Abteilung rosafarbener Schrott gehört – und deshalb nicht ins Kinderzimmer.

Leider ziehen Jochen und ich dabei nicht immer an einem Strang: Im vergangenen Jahr kam es in der Adventszeit beispielsweise zu folgendem Dialog. Ich: »Clara wünscht sich einen Kaufladen.« Jochen: »Ganz klar. Das ist pädagogisch wertvoll.« Ich: »Ja, Kaufläden fördern Rollenspiele, Feinmotorik und Zahlenverständnis. Aber sie fördern auch, dass noch mehr auf dem Fußboden rumfliegt. Außerdem haben wir im Kinderzimmer gar keinen Platz mehr für so ein Trumm.« Jochen (etwas ironisch): »Ich kann ja einen Kaufladen bauen, den man zusammenklappen kann.« Ich (noch ironischer): »Ja, wir können auch einen aufblasbaren nehmen.« Jochen (wieder versöhnlich): »Ach komm, sei kein Spielverderber. Alle Mädchen haben einen Kaufladen.« Ich (immer noch bockig): »Das ist kein Argument.«

Sie wollen wissen, wie das Ganze ausgegangen ist? Also: Das Christkind brachte einen Kaufladen. Er war weder aufblasbar noch zum Zusammenklappen – aber ich war trotzdem sehr zufrieden. Denn die Rückwand des Kaufladens war das alte Tellerbord, das schon immer im Kinderzimmer hing und bis letztes Jahr Weihnachten der Bilderbuchaufbewahrung diente.

Das Christkind und seine Gehilfen hatten die Bücher rausgenommen und dafür Sauerkrautdöschen, Minipersilschachteln und Marzipanwürstchen reingetan. Außerdem hatten sie in einer Möbelfundgrube ein farblich passendes, mehrfach unterteiltes Beistelltischchen gefunden: einen 1-a-Tresen, der bei Nichtgebrauch unters Hochbett geschoben werden kann.

Das Beste an diesem Kaufladen ist jedoch: Er ist ein Verwandlungskünstler. Im Mai war der Kaufladen ein Restaurant. Im Tellerbord stand das Puppengeschirr. Und auf dem Tresen standen Himbeertörtchen aus Wachs. Derzeit ist der Kaufladen eine Arztpraxis, in der die beiden Assistentinnen Fräulein Clara und Fräulein Jette pausenlos telefonieren oder auf einer alten Tastatur herumhacken.

Das nenne ich nicht nur pädagogisch wertvoll. Sondern auch multifunktional.

Wünsche haben. Oder: Die Zeit danach

In ein paar Wochen ist Weihnachten wieder vorbei. Ich verrate nicht, was die Kinder bekommen. Aber so viel kann ich jetzt schon sagen. Egal, was sie kriegen – das Wünschen wird nicht aufhören. Auch nach Weihnachten nicht.

Jette wird vermutlich schon Silvester ganz dringend einen Babypuppen-Autositz brauchen. Oder ein Babypuppen-Fieberthermometer. Clara wird sich spätestens im Januar wünschen, dass sie endlich mal bei Hanna übernachten darf. Und ich? Ich wünsch mir, dass Weihnachten noch ein bisschen so bleibt, wie es in diesen Jahren ist: so voller Kinderwünsche, Sehnsüchte und Geschichten. So aufregend. Und so sagenumwoben.

Alltag ohne zwei Kinder: Entzugserscheinungen

Wer Kinder hat, ist sie gern auch mal los. Auf der anderen Seite erzeugt plötzliche Kinderlosigkeit bei Familienmenschen erhebliche Nebenwirkungen.

Neulich las ich in einem Nachrichtenmagazin ein merkwürdiges Interview mit einem amerikanischen Psychologen. Der behauptete doch glatt, Kinder würden auf ihre Eltern wie Drogen wirken. Was er wohl damit meinte: Kinder machen glücklich. Weil sie – wie Drogen – nicht nur das Leben, sondern auch die Wahrnehmung ihrer Eltern verändern.

Glaubt man diesem Psychologen, dann sind Jochen und ich gewissermaßen Junkies. Unsere Droge ist ein zuverlässiges Zweiphasenpräparat: Clara wirkt seit sechs Jahren, Jette seit drei. Und mit großer Wahrscheinlichkeit werden wir dieses Präparat auch noch die nächsten 15 bis 20 Jahre zu uns nehmen – bis auf kürzere Phasen des Entzugs.

So wie neulich, als der Kindergarten Ferien machte: Jochen und ich hatten im Büro sehr viel zu tun und konnten keinen Urlaub nehmen. Deshalb haben wir die Kinder verschickt: erst zu Oma eins nach Franken, dann zu Oma zwei in die Lüneburger Heide.

Als unser Zweiphasenpräparat außer Reichweite war, kam es, wie es kommen musste: Wir hatten Entzugserscheinungen. Und zwar nicht zu knapp. Betroffen waren zahlreiche Organe.

Kinderentzug, Phase eins: Auswirkungen auf die allgemeine Motorik, auf Augen und Ohren

Der Mensch ist ein Gewohnheitstier. Der Familienmensch noch mehr. So passiert es in den ersten Tagen von Phase eins oft, dass ich den Tisch für vier decke: Mein rechter Arm kann nicht anders, als vier Teller hinzustellen. Dazu zwei Becher mit Tee und zwei mit Apfelschorle, ein Lätzchen, Käpt'n-Blaubär-Besteck, geschmacksneutralen Kinderkäse, Brühwurst mit Pistaziengesicht.

Auffälligkeiten zeigen sich auch bei meiner Gangart: Obwohl unsere Wohnung während des Kinderentzugs deutlich aufgeräumter ist und abends tatsächlich fast so aussieht wie morgens, gehe ich in ihr herum wie ein Storch im Salatbeet. Das heißt: Ich mache große Schritte und trete vorsichtig tastend auf – vor allem im Bereich des Kinderzimmers und des Flurs. Dort springen zwar keine Frösche herum, ich muss aber ständig damit rechnen, auf einen spitzen Legostein zu treten. Oder von einer Playmobil-Hochzeitskutsche gerammt zu werden ...

In den ersten Tagen des Entzugs leide ich auch unter Wahnvorstellungen: Ich schrecke aus dem Schlaf hoch und schwöre, ich hätte Jette rufen gehört: »Mama, Pipi!« Bei Spaziergängen mit Jochen sehe ich kleine Mädchen mit Haarknödeln, die genauso aussehen wie Clara – jedenfalls von hinten. Und beim Überqueren einer Straße greife ich reflexartig nach einer nicht vorhandenen Kinderhand.

Zum Glück lassen diese motorischen Auffälligkeiten nach ein bis zwei Tagen nach. Es folgt:

Phase zwei: Auswirkungen auf Muskeln, Skelettsystem, Stirn- und Schläfenbereich

Die Entzugserscheinungen von Phase zwei sind mit Abstand die unangenehmsten. Dazu gehören morgendliches Kopfbrummen und bleierne Müdigkeit. Oft tun Jochen und mir auch sämtliche Knochen im Körper weh. Oder wir leiden unter ausgeprägtem Muskelkater im Bereich von Wade und Oberschenkel.

Es ist nämlich so: Die Droge Kind und die Babysitterkosten in München bringen es mit sich, dass wir abends meistens zu Hause sind und relativ früh im Bett. Sind unsere Kinder hingegen weg, kriegen Jochen und ich meistens einen Rappel: Es zieht uns nach draußen. Ins Kino, in Clubs mit Lounge-Bereichen und Tanzflächen. Kurz: Wir treiben uns rum. Das Gute daran: Wir können endlich wieder mitreden, wenn Freunde und Kollegen ohne oder mit fast erwachsenen Kindern über neue Kinofilme diskutieren. Und ja, wir finden auch, dass die Vorspeisen in der kleinen Bar hinterm Gärtnerplatz ein Gedicht sind. Und After-Work-Partys schon wieder out.

Die schlechte Nachricht: So viel hippes Insiderwissen hat seinen Preis. Menschen, die (drogenbedingt) nicht im Ausgehtraining sind, außerdem berufstätig und schon lange nicht mehr Ende zwanzig, stecken vieles nicht mehr so einfach weg. Ziehen diese Menschen mehrere Abende hintereinander um die Häuser und nehmen sie auch noch alkoholische Getränke zu sich, fühlen sie sich bereits nach wenigen Tagen nicht hip, sondern alt. Jochen und mir tut jedenfalls meistens alles weh, und unsere Gesichtsfarbe nimmt einen ungesunden Grauton an.

Phase drei: Auswirkungen auf Sprachverhalten und Erinnerungsvermögen

In Phase drei gehen wir immer noch raus. Aber nicht mehr so lange: Wir treffen uns nach der Arbeit in der Stadt, suchen für Jochen einen neuen Anzug aus und sind verblüfft. Denn wir haben völlig vergessen, wie schön solche Unternehmungen sein können – wenn man keine Kinder dabeihat, die im Trubel der Einkaufszone abhandenkommen. Oder die bühnenreife Wutanfälle kriegen, weil wir uns weigern, den zwei Meter großen Plüschgorilla zu kaufen, der als Deko im Kaufhaus steht.

Auch typisch für Phase drei: Wir besuchen Theater und Kunstausstellungen. Das ist immer sehr ergiebig. Denn Kunst beflügelt bekanntlich die Fantasie und regt die Hirntätigkeit an. Die Folge sind Dialoge, die nicht nur inhaltlich kultiviert sind.

Sondern auch formal. Denn anders als in Zeiten des Drogen-konsums müssen wir nicht jeden Satz zehnmal sagen, bis er ankommt und (vielleicht) in die Tat umgesetzt wird. Unsere Sätze werden auch nicht nach jedem dritten Wort unterbrochen – z. B. weil Jette sich an der nächstbesten Tischkante den Kopf gestoßen hat. Oder Clara unbedingt ein Flutschfinger-Eis will. Nein, unsere Sätze sind vollständig und enthalten durchaus auch die eine oder andere Nebensatzkonstruktion.

Im Theater und auf Vernissagen kann man neben der Kunst auch Leute beobachten. Das beflügelt ebenfalls die Fantasie. Denn viele dieser Leute sehen so aus, als lebten sie das Leben, das auch wir führten, bis unsere Mädchen kamen. Sie sehen so aus, als gehörten sie zu den 86 Prozent der Münchner, in deren Haushalt Kinder nicht vorkommen.

»Stell dir mal vor, wir hätten Clara und Jette nicht«, sage ich dann meistens zu meinem Mann. »Wir könnten uns immer tolle Bilder anschauen und Sekt trinken und entspannt rumstehen. Wir könnten um sieben beschließen, dass wir um acht ausgehen. Wir müssten uns keine Gedanken über Sechsfachimpfungen machen. Oder wie wir an einen Kindergartenplatz kommen, des-sen Öffnungszeiten zum Job passen. Und wir bräuchten uns nie mehr davor zu fürchten, dass unsere Kinder irgendwann in die Pubertät kommen. Wäre doch herrlich, oder?«

»Ja«, sagt Jochen dann meistens, »herrlich!, einerseits. Ande-rerseits wären das Rumstehen, die Bilder und der Sekt bestimmt nicht mehr lustig, wenn wir das jede Woche hätten. Uns würde garantiert was fehlen!«

Immer, wenn mein Mann diesen Satz sagt, weiß ich, dass die nächste Phase unseres Entzugs unmittelbar bevorsteht.

Phase vier: Auswirkungen auf Herz und Verstand
Phase vier tritt erst ein, wenn der Entzug länger als eine Woche dauert. Dann jedoch erwischt es uns meist mit voller Wucht: Der Entzug beginnt nämlich, unsere Herzen zu schwächen. Wir fühlen uns plötzlich sehr süchtig – sehn-süchtig. Und wir spü-

ren: Der Rückfall naht. Die Auslöser können ganz harmlos sein – zum Beispiel ein Foto von Clara, das Jochen zufällig findet und das unsere Tochter mit nassen Haaren sehr stolz zeigt, denn sie ist zum ersten Mal 25 Meter geschwommen: »Ach«, sage ich dann, »da ist sie doch zum Anbeißen!«

Oder mein Blick fällt beim Aufräumen zufällig auf Jettes Spielzeugpferd. Es erinnert mich daran, dass Jette das Pferd als Belohnung für ihre erste windelfreie Woche bekommen und dann »Ciao Bella« getauft hatte. Und dass Jochen und ich angesichts dieses schrägen Einfalls einen Lachanfall bekamen.

Bei unserem letzten Entzug war es eine helle Kinderstimme auf meiner Mailbox, die mich weich werden ließ. Sie gehörte Clara, und sie sagte: »Mama, wir vermissen dich sehr.«

In Momenten wie diesen macht mein Herz einen Purzelbaum – und mein Kopf startet einen letzten Versuch: »Denk an die unspektakulären Abende auf dem Sofa! Denk an das Geschrei vor dem Kaufhausgorilla. Denk an Windpocken, Krupphusten, Magen-Darm-Grippe. Willst du wirklich wieder abhängig sein?«

»Ja«, sagt mein Herz dann mit fester Stimme zu meinem Kopf. »Ich stehe zu meiner Sucht. Denn diese Sucht vernebelt vielleicht meine Sinne und nimmt mir meine Freiheit. Aber das macht mich nicht krank – sondern es macht mein Leben sehr lebendig. Und jetzt will ich sofort meine Nervensägen zurück. Und das ganze andere, das will ich auch!«

Tier trifft Kind.
Oder: Skandal um Rosi

Haustierhaltung ist ein weites Feld: Es gibt Tiere, die brüllen. Es gibt Tiere, die beißen. Und es gibt unsichtbare Tiere, die Schokolade mögen.

Zum Thema Tiere fällt mir als Erstes Martin ein. Martin trat in mein Leben, als ich so alt war wie Clara heute: sechs. Und er hat mich schwer beeindruckt. Denn Martin wog ungefähr 1000 Kilo. Er trug einen Nasenring. Und – wie es sich für einen Stier gehörte – er hasste Rot. Noch mehr als Rot hasste er rote Gummistiefel mit Kinderbeinen drin, die vor seinem Stall hin und her hüpften. Dann schnaubte er laut. Und klirrte mit seiner Kette. Es klang sehr gefährlich. Und das Kind, das zu den Gummistiefeln gehörte (es war die Tochter des Bauern, und sie hieß Anke), gruselte sich ein bisschen.

Inzwischen ist Martin längst im Bullenhimmel. Ich trage nur noch selten rote Gummistiefel. Und Mutproben vor gepiercten Ein-Tonnern gehören auch nicht mehr zu meinen Alltagsbeschäftigungen.

Viele Großstadtjahre lang hatte ich eigentlich gar nichts mehr mit lebenden Tieren zu tun. Doch seit ich Kinder habe, sind Tiere wieder ein Thema.

Sehr kleine Tiere

Kleine Tiere können süß sein – Hundewelpen zum Beispiel. Oder Küken. Sehr kleine Tiere hingegen sind oft weniger süß. Sie haben nämlich die Angewohnheit, sich in Kinderkniekehlen festzubeißen und Eltern damit vor schwierige Fragen zu stellen: Was – erste Frage! – hat dieses Zecken-Exemplar nun: Borreliose, Frühsommerenzephalitis oder einfach nur Hunger? Und wie – zweite Frage – war das noch mit dem Gewinde? Ach ja, Zecken haben keins! Zecken kann man nicht rausdrehen, für Zecken braucht man eine Zeckenzange! Aber wo – nächste Frage – ist die Zeckenzange? Beim letzten Zeckenangriff fand ich sie in Claras Doktorkoffer. Beim vorletzten in der Besteckschublade unter den Gabeln. Beim vorvorletzten fand ich sie gar nicht – und kaufte eine neue, weil ich fürchtete, die Zecke in Claras Kniekehle könnte sonst Erbsengröße erreichen.

Da wir gerade beim Blutsaugen sind: Es gibt noch eine andere Spezies, deren Leibspeise Kinderblut ist: die gemeine Kopflaus. Menschen ohne Kinder meinen ja meistens, die Kopflaus sei seit dem Dreißigjährigen Krieg ausgestorben. Menschen mit Kindern wissen: Stimmt nicht! Die Kopflaus ist munter und fidel. Und sie vermehrt sich auch im dritten Jahrtausend fröhlich auf Kinderköpfen. Auch dann, wenn die Eltern dieser Kinder durchaus reinlich sind.

In unserem Kindergarten hängt das Wir-haben-Läuse-Schild schon seit Monaten herum. Am Anfang hat mich das nervös gemacht. Ich habe ätherische Öle in die Mützen meiner Mädchen geträufelt. Ich habe Weidenrindenextrakt, Teebaumspülungen und andere vorbeugende Mittel gekauft, die so scheußlich riechen, dass mir die gemeine Kopflaus schon fast leidtat.

Bisher hat es geholfen: Wir haben keine Läuse. Dafür haben aber meine Kinder jede Menge Spaß: Neulich saßen wir in der Trambahn. Alles war friedlich. Wir guckten aus dem Fenster. Die ältere Dame uns gegenüber guckte auf meine Kinder. Plötzlich nahm Jette ihre Mütze ab, schüttelte ihr weidenrindenextraktgespültes Haar und sagte heiter in die Runde: »Mama, ich habe Läuse!« »Waaas?«, rief ich. Und guckte entsetzt. Da fing Jette an zu lachen: »Ätsch, ausgetrickst. Hab gar keine Läuse.« Die ältere Dame stieg trotzdem an der nächsten Haltestelle aus.

Größere Tiere

In München gibt es zwar viele hohe Tiere – ihre Verbreitungsgebiete sind die schicken Büros in der Innenstadt und die Villen am südlichen Stadtrand –, richtig große Tiere vom Kaliber eines Martin sieht man aber eher selten. Die größten Tiere, die uns gelegentlich über den Weg laufen, sind die Pferde der berittenen Polizei im Englischen Garten. Ja – und die Hunde.

In München wohnen ziemlich viele Hunde. Und viele der freilaufenden Hunde sind wesentlich größer als die freilaufenden Kinder.

Clara hatte damit immer ein Problem. Sie bekommt hysterische Anfälle, wenn sich ihr ein Hund nähert. »Der tut nichts«, sagen die Hundebesitzer dann. Und meinen es sicher gut.

Es stimmt ja auch: Die meisten Hunde tun tatsächlich nichts. Trotzdem machen sie was. Und das liegt dann herum. Zum Beispiel auf den Grünstreifen, über die ich gehen muss, wenn ich Jette aus dem Autokindersitz heben will. Oder auf der Wiese neben unserem Haus, auf der die Kinder im Sommer Picknick machen. Und im Herbst Kastanien sammeln.

So trägt es sich immer wieder zu, dass sich das, was die Hunde zwar nicht tun, aber trotzdem machen, in den Profilsohlen von Claras Schuhen festbeißt. Oder – als die Kinder kleiner waren – in der Luftbereifung unseres Joggerkinderwagens. Und dass ich dann mit strumpfsockigen Kindern oder abgeschraubten Kinderwagenrädern am nächsten Bach stehen und mit Stöckchen den Mist wieder rauskratzen muss.

Dabei schwöre ich regelmäßig Rache: Ich stelle mir vor, wie eine Handvoll gemeiner Kindergartenläuse auf dem Kopf des zuständigen Hundebesitzers landet. Und dass ich dann sage: »Keine Angst, die tun nichts!«

Tiere in Kinderzimmern

Vor einigen Wochen sagten meine Kinder ihn zum ersten Mal, den Satz, vor dem ich mich immer gefürchtet habe: »Mama, wir wollen ein Tier!« Ich wurde blass. Nicht, weil ich Tiere nicht mag. Das kann ich mir als Bauerntochter nun wirklich nicht leisten. Nein, aber ich finde, dass Großstadtwohnungen ohne Garten und Tiere mit Freiheitsdrang nicht zusammenpassen.

Ja, sicher, Pädagogen und Tierpsychologen sagen, dass Tiere Kindern guttun: Sie fördern Verantwortungsgefühl und Einfühlungsvermögen, sie können trösten und kuscheln.

Theoretisch ist das bestimmt alles richtig. Die praktische Haustierhaltung führt allerdings zu Problemen.

Nehmen wir zum Beispiel den tragischen Fall von Goliath. Der Vogel, ein Wellensittich, wurde Opfer eines Kunstfehlers. Er hatte Schnupfen und war von einem Tierarzt behandelt worden, der sonst nur Kühe und Schweine unter Vertrag hatte. Das hat Goliath nicht überlebt. Und der Vogelhalter war wochenlang untröstlich! Dieser Fall liegt 35 Jahre zurück. Der Tierbesitzer hieß Jochen und ist heute mein Mann.

In einem aktuelleren Fall kaufte ein durchaus einsichtiger Vater seinem Kind eine Wüstenspringmaus. Die hieß Rosi und neigte zu so unerträglicher Geruchsbildung, dass sie zwei Tage später wieder in die Zoohandlung zurückgetragen wurde. Auch das führte zu Tränen.

Meine Kinder haben sich noch nicht endgültig entschieden, welches Tier sie wollen. Clara schwankt zwischen einem Zwergkaninchen und einem Flohzirkus. Jette möchte lieber ein Pferd. »Ein Pferd geht nicht«, sage ich. »Das passt nicht in dein Zimmer.« Jette meint, es soll im Hof wohnen – aber das habe ich der Hausverwaltung noch nicht gesagt.

Stattdessen habe ich in der Stadtbücherei ein tolles Buch entdeckt: Es riecht nicht, es braucht kein Futter, es stirbt nicht, und es ist sehr unterhaltsam. Es heißt *Mein Hund Oskar*.[15] In dem Buch kann man Oskar aufklappen und gucken, wie viele Würstchen er gegessen hat. Man kann auch aus einer Schablone

134

einen Oskar-Hampelhund basteln. Meine Kinder finden das sehr interessant und vergessen dabei, dass sie ja eigentlich ein echtes Tier wollen. Leider hat das Buch nur 20 Seiten.

Das Tier in mir

Eigentlich brauchen wir gar kein Haustier mehr. Wir haben nämlich schon eins! Es wohnt irgendwo zwischen meinen Geduldsfäden und meinen Nervendrahtseilen. Meist ist es friedlich und will nichts von mir. Aber manchmal will es seine Freiheit, und dann brüllt es furchtbar. Seit ich Kinder habe, brüllt es deutlich öfter. Denn keine Hunde-Tretmine und keine Kopflaus kann das Tier in mir so aus dem Häuschen bringen wie meine Töchter. Irgendwie kriegen sie es immer wieder hin. Sie nehmen zum Beispiel Zeckenzangen aus Nageletuis, spielen damit Doktor und legen sie nicht zurück. Dann muss mein Tier brüllen.

Oder sie holen sich ungefragt ein Stängel-Eis aus dem Gefrierfach und machen das Fach nicht richtig wieder zu, sodass alles, was sonst noch darin ist, antaut. Dann schnaubt mein Tier auch – und zwar gewaltig!

Manchmal brüllt es so laut, dass nicht nur die Kinder erschrecken. Sondern auch ich selber. »Gib ihm Schokolade«, sagt Jochen dann meistens. Und tatsächlich: Schokolade hilft!

Ich fürchte allerdings, das Tier in mir ist inzwischen dick und fett. Vielleicht sollte ich es Martin nennen!

Bericht aus der Weiberwirtschaft

Das Leben mit zwei Töchtern gehorcht eigenen Gesetzen. Und die funktionieren ganz anders als in der Männerwirtschaft.

Als ich zum ersten Mal schwanger war, wusste ich nicht, ob es ein Junge oder ein Mädchen sein würde. Ich wollte es auch gar nicht wissen. Ich fand es spannend, neun Monate lang zu spekulieren.

Natürlich hatte ich Ahnungen. Jede werdende Mutter hat Ahnungen! Eines Morgens, ich denke, es war so im fünften Monat, sagte ich zu meinem Mann: »Ich habe geträumt, wir kriegen einen Jungen. Der heißt Oskar, und im Traum konnte er schon Fußball spielen, Matchbox-Opel von Matchbox-Käfern unterscheiden und in Tannenwipfel klettern.«

»Aha«, sagte Jochen. Und nannte meinen Bauch fortan »Oskar«.

Am 6. Juli 2000 kam unser Oskarchen zur Welt. Allerdings stellte sich ziemlich bald heraus, dass Oskar gar kein Oskar war. Sondern eine Clara. Da wurde mir schlagartig klar, dass ich nur vage Vorstellungen von meinen künftigen Herausforderungen als Mädchenmutter hatte!

Heute, nach sechseinhalb Jahren Praxistest und einer Wiederholungstat (Jette), sehe ich klarer. Und ich muss sagen: Unsere Weiberwirtschaft zeigt viele positive Tendenzen. In manchen Bereichen sind die Konjunkturdaten sogar besser als die vergleichbarer Männerwirtschaften. In anderen gibt es noch viel zu tun.

Hier mein Wirtschaftsbericht im Detail:

Die Weiberwirtschaft und das Luxusgütersegment
In diesem Segment ist die Nachfrage ausgesprochen lebhaft. Die beiden jüngeren Mitglieder unserer Wirtschaftsgemeinschaft haben ein großes Interesse an allem, was schön macht, gut riecht und glänzt. Nagellack zum Beispiel zieht sie magisch an. Und es stört sie (im Gegensatz zu mir) überhaupt nicht, dass der Nagel, auf dem der Lack ist, untendrunter Trauerränder aus Kinderknete hat.

Auch Prinzessinnen-Accessoires und alles, was schimmert und glitzert, wird bei uns sehr gern genommen. So finden sich zum Beispiel Glitzersteine auf Gesäßtaschen von Boot-Cut-Jeans, Größe 98. Oder kleine bunte Steinchen formieren sich zu Herzen, die zuerst Unterhosen verschönern. Und später Waschmaschinen zu besorgniserregenden Geräuschen veranlassen.

Neulich früh sichtete ich auch beträchtliche Mengen von Glitzer auf Jochens Anzug. Er hatte sich mit einer beherzten Umarmung von seinen Töchtern verabschiedet. Und nicht daran gedacht, dass beherzte Umarmungen von kleinen Mädchen in der Faschingszeit Spuren auf Businessanzügen hinterlassen. »Du siehst heute aus wie John Travolta«, sagte ich zu meinem Mann. Und dann suchten John Travolta und ich zehn Minuten lang die Fusselbürste.

Die Weiberwirtschaft und die Autoindustrie
Dieser Wirtschaftszweig entwickelt sich bei uns nicht zufriedenstellend. Guckt man in unsere Spielzeugkisten, auf unseren Poster-Wandschmuck oder die T-Shirts, so findet man weder Abschleppautos noch Bagger. Auch Bob, der Baumeister, kriegt bei uns keine Aufträge. Das Einzige, was wir haben, ist eine Holzeisenbahn. Und ein großes rotes Feuerwehrauto. Das liegt

in der Kiste für Jungsbesuch. Und ich bin mir nicht einmal sicher, ob meine Mädels wissen, wie der Ausziehmechanismus für die Feuerwehrleiter funktioniert. Es interessiert sie einfach nicht!

Auch der Tipp von Ute (dreifache Jungsmutter), langweilige Autofahrten gingen ganz schnell vorbei, wenn man mit den Kindern Automarken-Raten machen würde, funktioniert bei uns überhaupt nicht. Auf meine Aufforderung: »Los, jetzt gucken wir mal, wer zuerst einen Porsche sieht«, antwortete Clara: »Mama, was ist ein Porsche?« Und Jette behauptete, davon gäbe es ganz viele im Tierpark.

Ich beschloss daraufhin, wir machen doch kein Automarken-Raten. Sondern lieber: Ich sehe was, was du nicht siehst.

Die Weiberwirtschaft und das Handwerk

Weiberwirtschaften, das hört man häufiger, mangele es im handwerklichen Bereich an Stoßkraft. Man traue sich zu wenig zu und hole sich für einschlägige Aufträge Leiharbeiter aus der Männerwirtschaft!

Ich fürchte, an diesem Gerücht ist was dran. Ich engagiere bei platten Fahrradreifen, Dübelarbeiten und besorgniserregenden Geräuschen in der Waschmaschine gern meinen Mann.

Obwohl – und das behaupte ich jetzt einfach mal kühn – ich sehr wohl weiß, wie man einen platten Reifen flickt. Oder eine Handvoll Glitzersteine aus der Waschmaschine holt. Ich weiß sogar, dass es in unserer Waschmaschine eine Fremdkörperfalle gibt (doch, doch, die heißt wirklich so!) und wie man sie säubert!

Neulich war Jochen zwei Tage auf Dienstreise. Und ausgerechnet in diesen zwei Tagen verstopfte das Waschbecken: »Habt ihr da Knetgummi reingeschmissen?«, fragte ich drohend meine beiden Töchter. »Oder vielleicht Glitzersteine?« Sie schüttelten den Kopf.

Also holte ich das Ding, das bei uns Pümpel heißt und dazu da ist, Dreck aus dem Rohr zu saugen. Ich pümpelte und pümpelte. Aber das Wasser lief nicht ab. Mir schwante Übles: Ich musste den Siphon abschrauben. Und mir war nicht klar, ob ich das konnte. Ich schraubte trotzdem. Und meine Töchter schauten mir bewundernd zu.

Schließlich war das Ding ab. Ich ging in die Küche und machte das Rohr sauber: Knetgummi war nicht drin, aber die Reste von Überraschungseiern und das eine oder andere Haar. Anschließend schraubte ich alles wieder an. Leider musste ich feststellen, dass ein zehn Zentimeter langes Stück fehlte.

»Wo ist das Rohrstück?«, fragte ich meine beiden Mädchen.

Und dann tat ich mal wieder das, was eine Suchmaschine besonders gut kann: suchen!!

Ich suchte: im Bad, in der Küche und in der Wäschetonne. Ich guckte in Jettes Kindergartenrucksack und in die Kiste mit dem Legobauernhof. Wir durchforsteten die ganze Weiberwirtschaft. Ohne Erfolg!

Nach einer halben Stunde war ich so weit, die Hausverwaltung anzurufen und nach einem Ersatzteil zu fragen. Clara starrte derweil unter das Waschbecken. Plötzlich sagte sie: »Mama, das ist falsch rum.«

Und sie hatte Recht. Die Wahrheit war: Das Teil, das wir gesucht hatten, hatte es nie gegeben. Ich musste den Siphon bloß um 180 Grad drehen. Dann passte alles haargenau.

Ich schämte mich ein bisschen. Gleichzeitig war ich aber sehr stolz auf meine Tochter und ihr handwerkliches Augenmaß. Ich glaube, es handelt sich hier um einen ausbaufähigen Wirtschaftszweig!

Die Weiberwirtschaft und ihre Minderheiten

Jochen habe ich die Siphon-Episode nicht erzählt. Wahrscheinlich wird er sie hier lesen und herzhaft lachen. Ich gönne es ihm. Denn oft ist mein Mann in unserer Weiberwirtschaft arm dran. Nicht nur, weil er es normalerweise ist, der Haare aus Siphons fischen muss. Sondern auch, weil wir drei sind und er in der Minderheit. Nie findet er jemanden, mit dem er über die Bundesliga-Ergebnisse diskutieren kann. Auch sein Wunsch nach einem Mercedes-Oldtimer stößt auf taube Ohren. Stattdessen muss er Sätze hören wie: »Oh, du gehst in die Küche – kannst du mir eine Wärmflasche machen?« (ich). Oder: »Papa, krieg ich rosane Schlittschuhe?« (Clara).

Ich glaube, die männliche Minderheit fühlt sich manchmal ziemlich unverstanden. Dann verlässt sie unsere Weiberwirtschaft. Und geht fort. In eine andere Wirtschaft, wo es Weißbier gibt und Schweinebraten. Und Männer, die über Bundesliga-Ergebnisse diskutieren. Und manchmal auch über ihre Söhne. »Der U. von S. hat in der Schule einen Verweis gekriegt«, sagte Jochen neulich, als er aus der Wirtschaft kam. »Was hat er verbrochen?«, fragte ich. »Er hat kleine Mädchen im Klo eingesperrt. Und behauptet, sie seien Zicken.« »Ach«, sagte ich, »der wird bestimmt mal Wirtschaftsweiser.«

Die Weiberwirtschaft und ihre ungeahnten Möglichkeiten
Mädchen – oder jedenfalls meine Mädchen – lieben Rollenspiele. Sie spielen ständig Spiele, in denen sie gern etwas wären, was sie nicht sind, aber doch sein könnten, wenn sie es sich vorstellen. Sie führen sozusagen ein Leben im Konjunktiv. Und weil das mit dem Konjunktiv grammatisch nicht ganz einfach ist, klingt das ungefähr so: »Also«, sagt Clara, »ich wäre jetzt mal die Lehrerin, und du wärst das Kind, das rechnen lernen müsste.« »Nee«, sagt Jette, »ich müsste gar nicht rechnen. Ich wäre die Lehrerin, und du wärst das Kind.« »Okay«, sagt Clara. »Aber danach sollte ich die Chefin sein. Und du könntest als Sekretärin arbeiten. Oder nee: Ich bin die Kinderärztin und du müsstest die Spritze kriegen dürfen.«

Noch nie habe ich Sätze gehört wie: Also ich wäre jetzt gern mal Heinz-Harald Frentzen. Und du könntest ja dann mein Boxenluder sein. Oder: Ich sollte jetzt Pirat werden und du wärst mein Schatz. Vermutlich werde ich diese Sätze auch nicht mehr hören, es sei denn, ich würde noch ein paar Söhne in die Welt setzen. Das wäre dann ein echtes Wirtschaftswunder. Aber da sollte ich in meinem Alter vielleicht doch besser beim Konjunktiv bleiben.

Die »Kriegt einfach Kinder!«-Diät

Im Frühjahr sind alle Zeitschriften voll mit Fitness-Tipps und Abnehmprogrammen – meistens komplizierte Übungen, die Zeit brauchen. Ich hingegen werde fit ganz nebenbei.

Kürzlich habe ich beim Aufräumen ein altes Foto von mir gefunden. Es war aus dem Jahr 1998. Damals hatte ich noch keine Kinder. Dafür – und das war auf dem Foto deutlich zu sehen – hatte ich locker zehn Kilo mehr auf den Rippen. »Guck mal, wie ich da aussehe«, sagte ich zu meinem Mann. »Jünger«, meinte der unbarmherzig. »Nee«, sagte ich, »dicker.« »Okay«, sagte mein Mann: »Jünger und dicker. Aber worauf willst du hinaus?« »Darauf, dass immer alle sagen, Kinderkriegen ruiniere die Figur. Hier ist der Gegenbeweis.«

Die Wahrheit ist nämlich: Ich habe seit Jahren zwei Personal-Trainer, die mich unerbittlich auf Trab halten. Dabei trainiere ich meine Muskulatur und verbrenne jede Menge Kalorien:

Workout 1: Bauch, Beine, Po mit Jette
Diese Übung mache ich gern morgens zwischen acht und neun. Ich nehme dazu am liebsten ein herkömmliches Damenfahrrad mit einem herkömmlichen Kindersitz. Darauf setze ich meine Personal-Trainerin Jette, deren Gewicht derzeit dem von 64 Butterpäckchen entspricht.

Dann beginne ich mit dem Pedal-Workout: linkes Bein strecken, treten, rechtes Bein beugen, rechtes Bein strecken, treten, linkes Bein beugen ... Tempo langsam steigern und die Übung so lange wiederholen, bis der Kindergarten in Sicht ist. Dabei die Pomuskeln wechselseitig anspannen und die Gehirntätigkeit auf keinen Fall einstellen. Denn der Personal-Trainer, der plaudernd auf dem Rücksitz sitzt, kriegt erfahrungsgemäß sehr schlechte Laune, wenn er keine angemessenen Antworten auf seine Fragen bekommt. Außerdem erfordert auch der Verkehr eine gewisse Konzentration.

Ich mache dieses Workout in der Regel in zwei Teilen: Zuerst wiederhole ich die Übung etwa 867 Mal mit dem linken Bein und 867 Mal mit dem rechten. Dann setze ich die 64 Butterpäckchen im Kindergarten ab und beginne mit dem zweiten Teil – dieses Mal ohne Butterpäckchen –, mit dem ich meistens deutlich schneller fertig bin. Ich vermute, da schlägt bereits der Trainingseffekt durch.

Kalorienverbrauch von Bauch, Beine, Po: bei einer Kindergartenentfernung von 1,5 Kilometern circa 217.

Tipp: Wer dieses Workout noch effektiver gestalten will, kann statt eines herkömmlichen Kindersitzes auch einen herkömmlichen Fahrradanhänger wählen und sich von zwei Personal-Coaches unterschiedlicher Gewichtsklassen begleiten lassen. Für Profis eignet sich auch ein Tandem-Anhänger, bei dem der Coach hinten sitzt und heimlich die Bremse betätigt.

Workout 2: Stand-ups mit herumliegenden Kleinteilen

Stand-ups gehören zu meinen leichtesten Übungen. Ich gehe dafür locker in die Knie und richte meinen Blick auf den Fußboden. Dort nämlich pflegen meine beiden Personal-Trainer für gewöhnlich ihren Besitz zu verteilen. Ich verharre kurz in Hockstellung, spanne die Oberschenkelmuskulatur an, balanciere meinen Oberkörper – und hebe auf, worauf ich gerade getreten bin: Das kann eine versprengte Weintraube aus Claras

Brotzeitbox sein oder eine umgekippte Seifenblasendose. Auch Prinzessinnenflügel, zerbröselte Wachsmalkreiden, dreckige Kindergummistiefel oder eine schreiende, auf dem Boden liegende Dreijährige können ein guter Anlass sein, ein Stand-up zu machen.

Habe ich das herumfliegende Kleinteil sicher in der Hand, richte ich mich wieder auf. Dabei achte ich darauf, den Rücken gerade zu halten. Danach kurz lockern und das Ganze – je nach Kleinteildichte im Kinderzimmer und den angrenzenden Arealen – täglich etwa 185-mal wiederholen.

Kalorienverbrauch je Stand-up: etwa vier, mal 185, macht 740.

Workout 3: Trambahnjogging und Treppenstepping
Diese beiden Workouts kombiniere ich immer und mache sie bevorzugt an meinen Bürotagen. An diesen Tagen ist nämlich die Zeit ziemlich knapp, die mir bleibt, um pünktlich zum Kindergarten und in den Hort zu kommen. Dort aber warten meine beiden Personal-Trainer und kontrollieren streng den Zeigerstand der Uhr.

Das Workout beginnt in der Regel mit einem kurzen Sprint zwischen Verlagshaus und Straßenbahn-Haltestelle. Zockelt die Bahn dann durch München, folgt eine kurze Ruhephase, die ich meistens nutze, um mein äußeres Erscheinungsbild zu kontrollieren. Es ist nämlich schon vorgekommen, dass mich wildfremde Menschen in öffentlichen Verkehrsmitteln angesprochen haben, um mir mitzuteilen, dass mein Mantel schief zugeknöpft ist. Ich vermute auch, dass ich gelegentlich Lippenstift am Zahn habe. Aber das fällt beim Joggen und Steppen kaum auf.

Nach dieser Ruhephase folgt am Max-Weber-Platz das Stepintervall: drei Treppen abwärts, aber schnell, sonst ist die Bahn wieder weg! Am Hauptbahnhof dann das Gleiche wieder aufwärts. Am Rotkreuzplatz erneut 54-mal steppen, dann ein letztes Joggingintervall zwischen U-Bahn-Schacht und Kindergarten.

Meine Bestzeit: 27 Minuten. Oft bin ich aber auch langsamer – zum Beispiel, weil ich ein für meine Workouts nicht angemessenes Schuhwerk trage. Neulich bin ich auf meiner Rennstrecke zwischen U-Bahn und Kindergarten mit meinem Stiefelabsatz in einem Lüftungsgitter stecken geblieben. Nach seiner Befreiung führte der Absatz ein unkontrollierbares Eigenleben, und ich blieb sieben Minuten über meiner Bestzeit.

Kalorienverbrauch für 27 Minuten Treppenstepping und Trambahnjogging: etwa 170.

Tipp: Wer auf dem Land wohnt und keinen U-Bahn-Schacht zur Verfügung hat, kann diese Übung trotzdem nachmachen: Alles, was man benötigt, sind ein paar Reihenhaus-Treppen, ein Personal-Trainer, der im zweiten Stock brüllt, weil er unbedingt die grüne Cordhose anziehen will. Und eine grüne Cordhose, die unten im Keller zum Trocknen hängt.

Workout 4: Bizeps-Aufbau mit Schul-Turnmatte

Dazu begibt man sich am besten in eine Turnhalle und bucht einen Kurs, der – zumindest bei uns – den irreführenden Namen Mutter-und-Kind-Turnen trägt. Als ich vor Jahren zum ersten Mal mit Clara zum Mutter-und-Kind-Turnen ging, dachte ich, die Sache sei klar: Beim Mutter-und-Kind-Turnen turnt das Kind, und die Mutter guckt zu. Die Wahrheit ist aber: Beim Mutter-und-Kind-Turnen trainiert die Mutter, und das Kind guckt zu.

Das wichtigste Mütter-Workout ist dabei das Bizeps-Training an der Turnmatte. Vor dem Mutter-und-Kind-Turnen muss nämlich die halbe Halle mit Matten ausgelegt werden. Das erhöht die Sicherheit für die Kinder – und den Muskelaufbau am mütterlichen Oberarm. Dazu nimmt man eine Matte, hievt sie mit beiden Händen vom Mattenwagen und schleift sie dann in die unmittelbare Nähe des Trampolins oder der Schaukelringe. Je nach Turnhallengröße wiederholt man dieses Workout zehn- bis 20-mal. Nach einer kurzen Entspannungsphase schleift man die Matten zurück und wuchtet sie wieder auf den Mattenwagen.

Kalorienverbrauch pro Schul-Turnmatte: etwa 15.

Tipp: Anfänger machen diese Übung am besten als Paarübung. Um Zerrungen vorzubeugen, sollte man sich außerdem vor dem Workout aufwärmen. Ich empfehle »Eins, zwei, drei im Sauseschritt«, eine kleine, einfache Melodie, die in fast jeder Mutter-und-Kind-Turnhalle vorrätig ist und zu der Sie ganz entspannt hinter Ihrem Personal-Trainer ein paar Minuten im Kreis laufen, wobei sie dem Liedtext folgen: »Strecken, hocken, rundum-dreh'n, dreimal klatschen, stampfen, steh'n!«

Workout 5: Trüffelstretching

Trüffelstretching mache ich in der Regel am Abend. Dann habe ich nämlich immer sehr große Lust auf was Süßes. Weil meine Personal-Trainer aber normalerweise alles Leckere finden und wegessen, stelle ich die Schachtel mit dem Süßkram immer nach oben: irgendwo auf den Schrank oder aufs letzte Brett vom Regal, wo man sie nicht mehr sieht. Das hat erstens den Vorteil, dass ich seltener in Versuchung komme.

Und falls doch, habe ich zweitens einen echten Anreiz für ein weiteres Workout: Zuerst gerade aufrichten, in den Zehenspitzenstand gehen und dann die Arme schwungvoll über den Kopf recken, bis die Hände das oberste Brett der Bücherwand erreichen. Kurz berühren, dann Arme wieder nach unten schwingen, Füße abrollen. Diese Übung so lange fortführen, bis die Hände die Pralinenschachtel gefunden haben. Trüffel verputzen!

Kalorienverbrauch: wegen der Trüffel eher mäßig.

Tipp: Günstiger fällt die Kalorienbilanz bei den Varianten des Trüffelstretching aus. Statt der Trüffel eignen sich nämlich auch alle nicht essbaren Dinge des täglichen Bedarfs, die Kinder gern ungefragt nehmen und Mütter dann verzweifelt suchen. Ich empfehle deshalb auch Tesafilm-Stretching, Druckerpapier-

Stretching, Nagelscheren-Stretching, Lieblings-Strassschmuck-Stretching. Natürlich gilt bei diesen Workouts, was auch sonst im Alltag mit zwei Kindern hilfreich ist: öfter mal tief durchatmen. Und, ach ja: immer schön locker bleiben!

Amygdala macht Überstunden

Eine Familie zu haben ist manchmal ganz schön aufregend, finde ich. Und meine Amygdala findet das auch. Hier sind meine gesammelten Wutproben.

Gestern war ein doofer Tag. Ein Wut-, Streit- und Ärgertag. Und deshalb musste die Amygdala mal wieder Überstunden machen. Nein, die Amygdala ist nicht unser neues Kindermädchen. Die Amygdala sitzt in meinem Kopf. Dort, gleich unter der Großhirnrinde, schaltet und waltet sie. Von Hirnforschern wird sie gern auch »Mandelkern« genannt. Und ihr Spezialgebiet sind Gefühle: Aufregung, Angst, Wut und allerlei andere Leidenschaften.

Meine Amygdala arbeitet sehr flott: Manchmal krempelt sie innerhalb von Sekundenbruchteilen die Ärmel hoch und wandelt Ärger und Frust in chemische Botenstoffe um, die Wissenschaftler »Acetylcholin« oder »Noradrenalin« nennen. Diese Chemie-Boten sagen dann im Zwischenhirn Bescheid: Los, raus mit den Stresshormonen! Dann geht mein Blutdruck hoch, mein Herz klopft wild, ich werde erst blass, dann rot. Dann laut. Manchmal schmeiße ich auch Sachen in der Gegend rum.

Ich muss gestehen: Seit ich Kinder habe, hat meine Amygdala mehr zu tun als früher. Mein Leben ist nämlich voller geworden, komplizierter und aufregender. Jedenfalls fliegen öfter mal die Fetzen. Wobei Gründe und beteiligte Personen variieren.

Klein gegen Klein: »Das ist doch scheißblöd!«

Wie Sie ja wissen, habe ich zwei Mädchen: Das ist praktisch, weil Jette mit Claras Puppenhaus spielen kann und ich nicht extra Parkgaragen kaufen muss. Andererseits habe ich das Gefühl, dass die Grabenkämpfe bei Geschwistern gleichen Geschlechts heftiger ausfallen. Meine Kinder jedenfalls sind ständig damit beschäftigt, ihre Territorien abzustecken. Und das klingt ungefähr so:

Clara (normaler Tonfall, Küchenhocker unterm Arm): »Komm, Jette, wir spielen Voltigieren. Der Küchenhocker ist das Pferd. Du bist das Kind. Und ich bin die Führerin.«

Jette (leicht gereizt): »Ich will nicht immer das Kind sein.«

Clara (lauter): »Musst du aber, weil die Führerin ist immer älter als das Kind. Das Spiel geht sonst nicht ...«

Jette (noch lauter): »Ungerecht!«

Clara (ohrenbetäubend): »Mamaaa ...!«

In Situationen wie diesen versucht meine Amygdala zunächst, ruhig Blut zu bewahren: Sie hält ihre Chemie-Boten zurück. Und schaltet erst mal auf Durchzug. Ich finde das vernünftig, denn eigentlich sollten Kinder ab vier imstande sein, Konflikte auch mal allein zu lösen.

Ich ging also in die Küche und kochte mir und Amygdala einen Tee. Doch gerade als das Wasser heiß war, vernahm ich hinter der Tür besorgniserregende Geräusche. Also ging ich ins Kinderzimmer, um zu vermitteln. Auf dem Boden fand ich Jette, die gerade von Clara vom Voltigierküchenhocker geschubst worden war. Und schluchzte: »Ich will nicht immer das Kind sein, das ist scheißblöd.«

Obwohl meine Amygdala bereits dabei war, ihre Boten-Armada zu positionieren, schaffte ich es noch, eine moderate Ansage zu machen: »Ihr zwei, wechselt euch doch ab. Clara, jetzt lässt du Jette mal die Führerin sein. Und keiner schubst hier keinen, okay?«

Clara maulte, Jette strahlte, ich ging zurück zu meinem Tee. Eine Minute später hörte ich es hinter der Kinderzimmertür wieder kreischen und schluchzen. Jetzt gab meine Amygdala das Signal zur Attacke: Ich stürmte los, riss die Tür auf, griff das erstbeste Kind und brüllte: »Verdammt noch mal, jetzt reicht's mir aber. Jede von euch geht jetzt in ihr Zimmer. Und bleibt da, bis ich die Tür wieder aufmache.« Dabei war ich vermutlich ziemlich rot im Gesicht.

Die Kinder waren auch rot im Gesicht – aber nicht, weil sie gezankt, sondern weil sie gerade intensiv gespielt hatten: Sie hatten gespielt, dass Clara vom Pferd fällt und dabei kreischt und schluchzt. Als ich reinstürmte, war Jette gerade dabei, mit ihrem Spielzeughandy den Notarzt zu rufen. Aber wie, frage ich Sie, soll eine durchschnittlich begabte Amygdala so was ahnen?

Groß gegen Groß: »Ich geh dann mal!«

Jochens Amygdala ist definitiv unterbeschäftigt. Jedenfalls der Teil, der fürs Ausflippen zuständig ist: Es ist nämlich nicht einfach, sich mit ihm zu streiten. Ich schaffe es trotzdem ab und zu.

Gestern Nachmittag um 15 Uhr 25 zum Beispiel. Da bekamen wir einen Anruf von Luisa. Luisa ist eine Freundin von Clara. Und Luisa, das wusste ich, hatte Clara diese Woche zum Geburtstag eingeladen. Jochen hatte die Einladungskarte als Erster aus Claras Ranzen gefischt und im Kalender »Samstag, 15 Uhr« eingetragen. Allerdings feierte Luisa schon am Freitag um 15 Uhr, also gestern. Und fragte nun an, wo Clara denn bliebe.

Als mir klarwurde, dass Jochen den Geburtstag falsch eingetragen hatte, wurde meine Amygdala unruhig. Zwar muss ich zugeben, dass die Organisation unseres vierköpfigen Haushalts nicht ganz ohne ist. Und gewisse Verirrungen im Termindickicht zwischen zwei Jobs, Musikschulvorführungen, Kindergarten-Kräuterbeet-Bepflanzungen, Elternsprechtagen und Haussommerfesten entschuldbar sind.

Jochen allerdings verirrt sich ziemlich oft. Er schafft es, Ute und Tom zum Spargelessen einzuladen, will gleichzeitig mit

Clara zum Baden und mit Harald zum Fußballgucken. Das führt zu Chaos, beleidigten Leuten, zu wenig Spargel und heiklen Telefonaten. Kurz: Es bringt mich auf die Palme und bewirkt, dass ich wie ein HB-Männchen vor meinem Mann herumhüpfe und vernichtende Pauschalurteile über seine Gedächtnisleistung fälle.

Jochens Amygdala scheint in solchen Situationen vorübergehend ihren Dienst zu quittieren. Jedenfalls kann ich bei ihm weder Wallungen noch wechselnde Gesichtsfarben beobachten. Meist sagt er bloß: »Tut mir leid.« Und: »Ich geh dann mal!«

Damit zeigen wir geschlechtstypisches Streitverhalten: Sie tobt und schimpft. Er schweigt und macht sich dünne. Und das, so habe ich gelesen, hat irgendwas mit der unterschiedlichen Gehirnhälften-Vernetzung von Männern und Frauen zu tun.

Da ich nur bedingt Einfluss auf meine Gehirnhälften habe, muss ich mir andere Strategien suchen, um meine Amygdala milde zu stimmen: Fürs Erste hilft mir immer irgendwas, das Krach macht: Eiswürfel in die Spüle knallen, fluchen, Altglas wegbringen, Türen zuhauen. Oft hilft – wie gestern – auch Ablenkung: Geschenk für Luisa einpacken, Tesafilm vermissen, Tesafilm unterm Bett (???) finden, Party-Outfit raussuchen, Kind kutschieren ...

Als ich zurückkam, fand ich Jochen in unserem roten Sessel. Er schien bester Laune. Und schnell war klar, warum: Er hatte Stöpsel in den Ohren und hörte Roger Cicero. Sie wissen schon: »Der Sänger, der Lover, der Typ auf dem Cover ...«, der obercool vor ihr steht und sich dann so profane Dinge anhören muss wie: »Zieh die Schuh aus, bring den Müll raus, pass aufs Kind auf – und dann räum hier auf ... Trompete, Saxofon, schubidu...!«

Ich sag dazu bloß: »Roger, sieh dich vor, wenn du dich heimlich mit meinem Mann verbündest, kriegst du es mit meiner Amygdala zu tun!«

Ich gegen den Rest der Welt: »Ihr habt doch null Ahnung!«

Jochen und ich haben uns wieder vertragen. Trotzdem musste meine Amygdala noch mal arbeiten. Das war spätabends, als ich beim Bügeln in eine Talkshow reinzappte.

Talkshows befassen sich derzeit entweder mit klimatischen oder demographischen Wandlungen. Gestern war Letzteres der Fall: Es ging mal wieder um Kinder, die zu wenig sind. Und um die Frage, ob Frauen heute zu viel wollen: Job, Familie oder gar beides!

Das Merkwürdige an dieser Talkshow waren die Gäste: Warum, bitte, lädt man zu einem Mütterthema lauter alte Männer ein, die eine Stunde lang sagen, wie junge Frauen heute leben sollen?

Fairerweise sollte ich erwähnen, dass gestern auch noch eine prominente Schauspielerin und Jungmutter da war. Sie betonte lässig, sie brauche keine öffentliche Betreuung, mit ein bisschen Organisation könne sie auch so Kind und Job vereinbaren. Sie nehme das Baby eben mit zu den Drehs, alles ganz locker. Was die Dame natürlich nicht sagte, war, dass sie vermutlich zwei Kindermädchen, eine Putzhilfe und eine Bügelfrau hat.

Ich und Amygdala saßen also auf dem Sofa und waren auf 180. »Die haben doch keine Ahnung«, schimpfte ich. »Die haben doch noch nie ein Kind getröstet, das von einem galoppierenden Küchenhocker gefallen ist. Die haben noch nie vor einer Konferenz zehn Minuten nach ihrem Pumps gesucht und ihn dann in der Legokiste mit lädiertem Absatz gefunden. Die haben noch nie hektisch gerechnet, ob die Inkubationszeit der Hand-Fuß-Mund-Krankheit ausreicht, um zwei ausstehende Artikel pünktlich fertigzukriegen. Und die wissen nicht, wie hyperaktiv eine mütterliche Amygdala werden kann, wenn sie im Juli noch nicht weiß, ob das Kind im Herbst einen Hortplatz kriegt ...«

»Stimmt«, sagte mein Mann, »das wissen die bestimmt nicht. Aber ich weiß was: Ich hole jetzt ein paar Eiswürfel.

Zehn davon schmeißt du in die Spüle, und den Rest tun wir hier mit dem Martini ins Glas. Und dann trinken wir mal einen Schluck: auf dich und mich. Auf die Kinder. Und auf unsere Amygdalas. Denn ohne die wäre unser Alltag ganz schön öde.«

Das brauchen wir jetzt nicht mehr!

Das Leben mit Kindern ist eine Aneinanderreihung von Phasen, aus denen sie gerade rauswachsen – ein Phänomen, das Fragen aufwirft!

Als ich kürzlich den Müll runtertrug, war das ein tolles Gefühl. Doch! Es war nämlich nicht irgendein Müll, den ich entsorgte – es waren Windeln. Ich berichtige: Es waren die allerletzten Windeln! Jette ist nämlich jetzt sauber. Auch nachts!

Dabei fällt mir auf: Seit ich Kinder habe, gibt es ständig Dinge, die plötzlich vorbei sind. Die ich wegräume, wegwerfe, vergesse – obwohl sie gerade noch wichtig waren: Die Schnuller? Wurden von der Schnullerfee abgeholt. Der Fahrradkindersitz? Haben wir abmontiert! Der Milchzahn vorne links? Einfach verlorengegangen! Manchmal macht mich das permanente Abschiednehmen sentimental. Manchmal wirft es aber auch merkwürdige Fragen auf:

Das Ende der Windelarie. Oder: Könnte es Nummer 9976 gewesen sein?
Um ganz ehrlich zu sein, ich weiß selber nicht, warum mir auf meinem finalen Windelentsorgungsgang ausgerechnet die Zahl 9976 in den Sinn kam. Tatsache ist: Sie erschien plötzlich vor meinem geistigen Auge. Und dann konnte ich nicht anders als nachrechnen: Zwei Kinder, sechs Jahre, jeden

Tag im Schnitt fünf Windeln, macht – 10950. Zuzüglich 56 (vier mal Magen-Darm-Virus), abzüglich 1130 (weil Clara schon ein paar Monate trocken war, bevor Jette geboren wurde), macht, ich ahnte es ja: 9976. Ich rechnete weiter: 50 Windeln kosten – wenn man die billigen nimmt – ungefähr neun Euro, macht 18 Cent pro Windel. Macht rund 1756 Euro. Plus die Kosten für Feuchttücher und Popocremetuben, macht ...

»2000 Euro«, sagte ich zu Jochen, als ich wieder hoch in die Wohnung kam. »Wir haben in den vergangenen sechs Jahren locker 2000 Euro im Mülleimer versenkt.« Und dann wiederholte ich für ihn meine Hochrechnung.

Mein Mann runzelte die Stirn. Dann sagte er: »18 Cent musst du wieder abziehen – für Windel 8923.« Ich erinnerte mich dunkel: Windel 8923 hatten wir vergessen, als wir zu Silvester bei Birgit und Thomas in den Bergen waren. Deshalb konstruierten wir für Jettes Neujahrsschlaf einen Windelersatz aus Küchentüchern und Plastiktüten, der jeden Windelentwickler beeindruckt hätte. »Okay«, sagte ich, »es waren bloß 1999 Euro und 82 Cent.« Und dann gratulierten wir uns gegenseitig: zu Nummer 9976 und dem vielen Geld, das wir in Zukunft sparen würden.

Das Ende meines Callcenters.
Oder: Warum geht hier keiner mehr ran?
Lange Zeit hat das Telefon unsere Kinder magisch angezogen. Sobald es klingelte, schossen sie zum Hörer und nahmen ab. Jette pflegte sich dabei eher kurz zu halten: Hatte sie festgestellt, dass es sich nicht um Oma Fini, Opa Werner, Oma Della, Myri oder Papa handelte, nickte sie meist nur vielsagend, begann geräuschvoll zu atmen – und legte auf.

Oder sie legte den Hörer einfach weg. Und spielte weiter mit ihrer Babypuppe. Das weiß ich deshalb so genau, weil ich bereits mehrmals einen hektisch tutenden Hörer auf dem Fußboden gefunden habe. Auch beschwerten sich einige unserer

Freunde über eine unzuverlässige Telefon-Assistentin, die sie in der Leitung verhungern ließ.

Clara machte in dieser Hinsicht von jeher einen besseren Job. Seit sie zwei ist, sagt sie am Telefon ihren vollständigen Namen. Und freundlich »Guten Tag«. Dann beginnt sie zu plaudern: Neulich hat sie der Dame, die eine Stichprobenumfrage zum Nutzungsverhalten bei öffentlichen Verkehrsmitteln machen wollte, erzählt, dass sie jetzt zwei Zahnlücken hat. Und als die Dame sie offensichtlich fragte, ob sie denn trotzdem mal Mama oder Papa sprechen könnte, sagte sie, nein, das gehe nicht, denn Papa sei beruflich in Frankfurt und Mama noch auf dem Klo.

Einmal ertappte ich meine Mädels dabei, wie sie das Telefon ins Kinderzimmer geholt hatten: Sie saßen hinter ihrer Kaufladentheke und tippten auf der Tastatur herum. Dann nahmen sie Bestellungen entgegen: »Ja, natürlich«, sagte Clara und kritzelte, den Hörer professionell unters Kinn geklemmt, irgendwas auf einen Block, »frische Erdbeeren habe ich auch da. Ich bringe Ihnen alles vorbei.«

Das war der Tag, an dem ich die Tastensperre aktivierte. Denn ich fürchtete, meine geschäftstüchtigen Töchter könnten ihren Telefonservice bis nach Kuala Lumpur ausdehnen.

Inzwischen sehne ich mich fast ein bisschen nach dieser Zeit zurück. Denn seit kurzem hat das Telefon ganz offensichtlich für unsere Kinder seine Faszination verloren. Wenn es klingelt, rufen die Mädchen immer bloß: »Mama, Telefon!« – ganz egal, ob ich gerade die Hände voller Pizzateig habe oder unter der Dusche stehe.

Ich habe keine Ahnung, wie es zu diesem Sinneswandel gekommen ist. Vielleicht liegt es daran, dass wir einen neuen, ziemlich schlechten Telefonanbieter haben, der uns zu der günstigen Flatrate auch eine Verbindung mit permanentem Echo liefert. Ich vermute auch, dass es sich hier nicht wirklich um das endgültige Ende einer Phase handelt, sondern lediglich um vorübergehende Ignoranz. Spätestens in der Pubertät – so habe ich mir sagen lassen – stehen kommunikationstechnische Einrichtungen bei Mädchen wieder hoch im Kurs.

Das Ende einer Freundschaft.
Oder: Wie geht es eigentlich Dodo und Kalla?
Auch so eine Frage, die kinderlose Menschen sich niemals stellen würden, ich mir aber schon. Man muss sich das mal klarmachen: Zwischen 2003 und 2005 lebten Dodo und Kalla mit in unserer Familie. Sie haben mit Clara in einem Bett geschlafen, haben auf dem Tisch ein extra Schüsselchen für Erdbeereis gekriegt. Einmal musste Jochen sogar mitten auf der Landstraße zwischen Augsburg und Donauwörth anhalten, weil Clara behauptete, Dodo und Kalla stünden dort und wollten mitgenommen werden.

Und dann? Ja, dann waren Dodo und Kalla einfach verschwunden. Sie hatten sich sozusagen in Luft aufgelöst – weil Clara älter geworden war und ihre unsichtbaren Freunde nicht mehr brauchte.

So richtig bewusst wurde mir das unbemerkte Ableben von Dodo und Kalla allerdings erst, als Jette mir vor einiger Zeit ihre neue Freundin vorstellte: Schokoli Willers. Schokoli Willers war von Anfang an ein ziemlicher Radaubesen – sie kippte ständig Apfelsaftgläser um. Und sie klaute auch meinen heimlichen Schokoladenvorrat aus der Küchenschublade – deshalb heißt sie ja auch Schokoli.

Jette versuchte des Öfteren, Schokoli die Leviten zu lesen. Dabei klang sie immer ein bisschen so wie ich, wenn ich Jette die Leviten lese.

Nun habe ich seit geraumer Zeit nichts mehr von Schokoli gehört. Jette behauptet, Schokoli sei nicht mehr ihre Freundin und außerdem nach »Italjenien« umgezogen.

Ich werde das nächste Woche prüfen. Dann fahren wir nämlich in den Urlaub, nach Finale Ligure. Bin gespannt, ob wir Schokoli treffen.

Das Ende der Pilzsaion.
Oder: Gibt es in Afrika eigentlich auch Fliegenpilze?

Mädchenmütter sind arm dran: Sie sehen in den Läden permanent supersüße Kleidchen. Und müssen jedes Mal gegen einen heftigen Kaufimpuls anarbeiten. Denn jede vernünftige Mädchenmutter weiß: Zwei supersüße Kleidchen pro Saison sind genug. Alles andere belastet bloß Kleiderschränke und Konto.

Zum Glück bin ich nicht immer vernünftig: Das süßeste unserer supersüßen Kleidchen war nämlich ein rotes Modell mit weißen Punkten und gepaspeltem Bubikragen, das ich in einer Kinderboutique kaufte – obwohl es zu teuer war und ich genau wusste, dass Clara schon drei Kleidchen in Größe 98 hat.

Doch dann hat uns das Kleid zweimal zwei Sommer begleitet und mit meinen Mädels viel erlebt. Die Fotoalben dieser Jahre zeigen jedenfalls eine beeindruckende Fliegenpilzdichte: Clara, très chic, im Rotweißgepunkteten auf der Schaukel. Oder Clara im Streichelzoo mit einer Ziege, die gerade am rotweißgepunkteten Kleidersaum knabbert. Oder Jette: Als Fliegenpilz auf Onkel Hennings Hochzeit. Im Griechenland-Urlaub. Auf Myris Kindergeburtstag – dort ist die Couture allerdings schon wegen bedenklicher Kürze mit Radlerhosen aufgerüstet.

In diesem Sommer nun ist das rote Kleid endgültig zu klein. Erst wollte ich es aufheben und in meine Erinnerungskiste tun. Doch die Kiste ist schon ziemlich voll, deshalb brachte ich das Fliegenpilzkleid vor kurzem als Kleiderspende zur Kirchengemeinde.

Und nun frage ich mich manchmal: Sitzt gerade in diesem Moment vielleicht irgendwo ein kleines Mädchen unter einem senegalesischen Affenbrotbaum? Hat es dunkle Haut und viele Zöpfe – und trägt es ein rotes Kleid mit weißen Punkten? Das würde mich sehr freuen!

Denn aus Erfahrung weiß ich: Das rote Kleid, Größe 98, ist der perfekte Begleiter für kleine Mädchen zwischen zwei und drei. In dieser Phase kriegen nämlich kleine Mädchen auf der ganzen Welt beeindruckende Trotzanfälle und sind immer ein bisschen so wie Fliegenpilze: Von außen sehr hübsch anzuschauen. Von innen manchmal ungenießbar.

Und was machen wir morgen?
(Teil 1)

Die meisten Mütter machen viele schöne Sachen mit ihren Kindern. Aber auch engagierte Animateusen brauchen mal einen Ruhetag.

Samstag Abend, halb acht in Deutschland. Ich lese Clara und Jette die obligatorische Gutenachtgeschichte vor. »Es gibt so Tage« heißt im Moment unser Lieblingsbuch.[16] Es handelt von einem Mädchen mit roten Zopfschleifen und viel Fantasie: »Es gibt so Tage«, lese ich, »da haben alle Schatten Farben. Es gibt so Tage, da schauen alle in die Luft. Und es gibt so Tage, da bleibt Merike einfach im Bett und denkt sich Geschichten aus.«

Dann ist das Buch zu Ende. Ich ziehe die Vorhänge vor, mache das Licht aus. Und warte. Ich warte auf die Frage, die jeden Abend kommt, wenn ich die Vorhänge zugezogen habe: »Mamaaa, was machen wir morgen?«

»Eis essen«, sage ich dann meistens. Oder: »Inlineskaten. Kinder einladen. Kinder besuchen. Kinderturnen. Baden gehen, Prinzessinnen-Memory spielen ...«

Doch heute muss ich an Merike denken und die Tage, an denen sie einfach nichts tut – außer viel fantasieren.

»Morgen«, sage ich deshalb zu meinen Kindern, »morgen ist Sonntag. Und da haben alle Animateusen frei. Morgen machen wir einfach mal nichts.« Meine Kinder finden das komisch:

Nichts machen, das macht man doch nicht. Doch dann schlafen sie trotzdem ein.

Erster ordentlicher Heute-machen-wir-mal-nichts-Tag: STUNDE EINS

Am Morgen des ersten ordentlichen Hmwmn-Tags kommen Clara und Jette in unser Schlafzimmer und wollen wissen, wie das jetzt eigentlich alles so ablaufen soll: Darf man am ersten Hmwmn-Tag zum Bäcker gehen und Brötchen holen?

»Ja«, sagt Jochen, »kleine Mädchen dürfen das. Mamas und Papas aber nicht: Die müssen noch ein bisschen im Bett bleiben und die Sonntagszeitung lesen.«

Clara und Jette sehen das ein. Und ziehen fünf Minuten später los. Mit Kleingeld, Brötchenbeutel und in angemessenem Hmwmn-Outfit: Gummistiefel (nix Schnürbänder), Turn-Leggings (nix Reißverschluss), Pulli verkehrt rum (nix nachgedacht) und schiefe Zöpfe (nix Kamm). »Unsere Kinder sehen merkwürdig aus«, sage ich zu meinem Mann, als ich aus dem Fenster gucke. »Heute macht das nichts«, sagt der. Und wendet sich wieder dem Leitartikel zu.

Erster ordentlicher Hmwmn-Tag: STUNDE VIER

Es ist kurz nach elf. Wir sind fertig mit dem Frühstück. Und Clara und Jette haben schon ausgiebig nichts gemacht: Sie haben jeweils drei Merikes gemalt, etwa zwölf Ketten mit rosa Perlen aufgefädelt, zweimal gestritten, wer die schönste hat, zweimal wieder Frieden geschlossen.

Dann haben sie ihre erste richtige Hmwmn-Krise. »Mama«, sagt Clara, »uns ist so langweilig. Können wir nicht doch was machen? In den Zoo. Oder schwimmen?«

»Ihr könnt runtergehen in den Hof«, sage ich, entschlossen, meinen Animateusen-Ruhetag durchzuziehen. Die Kinder finden das zwar auch langweilig – aber nichts machen im Hof erscheint ihnen immer noch deutlich besser als nichts machen in der Wohnung.

Als ich zehn Minuten später aus dem Fenster gucke, sehe ich, dass meine beiden Mädchen beim Müßiggang bereits Gesellschaft bekommen haben. Sie sitzen auf dem Rasen im Kreis mit zwei Nachbarskindern und betrachten konzentriert irgendwas in ihrer Mitte. Bei genauerem Hinsehen stelle ich fest, dass das Irgendwas ein Meerschweinchen ist. Ich bin zufrieden. Denn das Streicheln und Ausführen von behäbigen Meerschweinchendamen scheint mir eine durchaus angemessene Beschäftigung für unseren ersten Hmwmn-Tag zu sein.

Erster ordentlicher Hmwmn-Tag: STUNDE FÜNF
Das Telefon klingelt. Es ist Doris, eine alte Freundin, die zwei vorpubertierende Töchter hat und wissen will, wie es mir geht und was ich so mache.

»Nichts«, sage ich. »Ausnahmsweise haben wir heute mal keinen einzigen Termin, ist das nicht toll?«

Doris findet das lustig und sagt, dass sie das auch manchmal mache. »Und was tun deine Kinder dann?«, frage ich. »Wenn es schlecht läuft, hören sie elfmal hintereinander die gleiche CD von Tokio Hotel«, sagt Doris und fängt an, auf sehr merkwürdige Art ins Telefon zu keuchen. »Huch«, sage ich, »und wenn es gut läuft?« »Züchten sie Kristalle«, sagt Doris und erklärt, dass man dazu mindestens so viel Geduld brauche wie beim Angeln.

Wir reden dann ein bisschen über rote und blaue Kristalle, über die Alaunlösung, in der sie besonders gut gedeihen. »Klingt irgendwie langweilig«, sage ich. »Ja«, sagt Doris, aber das sei ja gerade das Gute: dass die Zeit mal für eine Weile lang werde. »Da können die Kinder gucken und träumen und Ideen kriegen, auf die sie sonst vor lauter Reizüberflutung gar nicht kommen.« »Ja«, sage ich, »Kinder und Uhren dürfen nicht beständig aufgezogen werden. Man muss sie auch mal gehen lassen ...« »Das ist jetzt aber nicht von Tokio Hotel«, stellt Doris fest. »Nein«, sage ich, »das ist von Jean Paul. Aber der war nie in den Top Ten.«

Erster ordentlicher Hmwmn-Tag: STUNDE SIEBEN

Es ist inzwischen früher Nachmittag, die Sonne ist rausgekommen. Und Jochen und ich beschließen, auch runter in den Hof zu gehen. Dort wollen wir Kindern und Meerschweinchen beim Nichtstun zugucken.

Doch als wir mit unseren Kaffeebechern um die Ecke biegen, erleben wir unser blaues Wunder: Der Maler Hundertwasser war da! Oder hat zumindest ein paar begabte Gehilfen geschickt. Jedenfalls hat die gemauerte Raseneinfassung eine wundersame Wandlung durchgemacht: Noch vor zwei Stunden waren die Steine von einheitlichem Braun. Jetzt sind sie bunt. Jeder einzelne hat eine andere Farbe. Und in der Mitte des kunstvoll eingerahmten Rasens sitzt immer noch die Meerschweinchendame und knabbert am frühlingsfrischen Grün. Die Kinder sehen auch frühlingsfrisch aus. Oder zumindest straßenkreidenbunt.

Jochen und ich setzen uns auf die nächste Bank und überschlagen im Geiste, wie viele bunte Steine das da vor uns sein könnten. Wir haben einen ziemlich großen Hof und eine ziemlich ausgedehnte Rasenflächensteineinfassung. Wir kommen auf rund 250 Hundertwassersteine. Ein beachtliches Ergebnis für einen Animateusen-Ruhetag, finden wir.

Erster ordentlicher Hmwmn-Tag: STUNDE NEUN

Wir sitzen immer noch auf unserer Bank. Doch inzwischen sind auch die Nachbarn, denen die anderen Kinder und das Meerschweinchen gehören, heruntergekommen. Sie haben ihren Fotoapparat mitgebracht. Wir knipsen das Hundertwassergehilfen-Werk – und beschwören Petrus, er möge es heute Nacht nicht regnen lassen und die Straßenkreiden-Kunst so mir nichts, dir nichts in den Gully spülen.

Jette hat in der Zwischenzeit zwei Regenwürmer entdeckt und unterhält sich angeregt mit ihnen. Dann beginnt sie aus Blättern und Stöckchen ein Wurmhaus zu bauen. »Damit ihr nicht nass werdet, wenn es doch regnet«, hören wir sie sagen.

Doch die Regenwürmer wissen so viel Fürsorge nicht zu schätzen. Sie graben sich ein, noch bevor ihre ökologischen Doppelhaushälften fertig sind. Jette ist kurzfristig beleidigt.

Die anderen drei Kinder liegen derweil auf unserer karierten Picknickdecke und schauen Löcher in die Luft. Sie machen Wolkenraten. »Da«, sagt das erste Nachbarskind, »das ist ein Nilkrokodil.« »Also nee«, sagt Clara, »ein Nilkrokodil hat doch nicht so lange Beine und so einen schiefen Kopf. Das ist eine Antilope mit Zahnweh.« »Nein«, sagt das zweite Nachbarskind, »es ist ein Ameisenbär mit Rollrüssel.«

»Ameisenbären haben eine gaaanz lange Zunge und lesen viele Leviten«, sagt Jette, die ihren undankbaren Würmern inzwischen verziehen hat. »Quatsch«, sagt Clara, »sie essen viele Termiten.« So zieht der Wolkenzoo mit seinen exotischen Bewohnern vorüber. Und der Sonntagnachmittag auch.

Erster ordentlicher Hmwmn-Tag: STUNDE ZWÖLF
Sonntag Abend, halb acht in Deutschland. Schlafenszeit für kleine Mädchen. Die Kinder wollen wieder das Buch von Merike. »Nein«, sage ich, »heute machen wir mal das Spiel: Was war schön, was war blöd? Also, was war blöd heute?« »Dass die Wurmis mein Haus nicht wollten«, sagt Jette. »Und was war schön?« »Dass wir im Zoo waren«, sagt Clara, »bei den Ameisenbären und den Antilopen.« »Dass das Meerschweinchen nach dem Winter zum ersten Mal draußen spazieren gegeht ist«, sagt Jette. »Dass ihr den Hof so schön bunt gemalt habt«, sage ich.

Dann ziehe ich die Vorhänge zu, mache das Licht aus und warte – auf die Frage, die immer kommt, wenn ich das Licht ausgemacht habe. Doch heute bleibt alles still. Und als ich mich umdrehe, sind die Kinder schon eingeschlafen. Müde vom Nichtstun!

Sie wollen wissen, ob das wirklich alles so passiert ist? Ja, vielleicht ist das alles wirklich so passiert ¬an einem Sonntag im Frühsommer 2007. Vielleicht habe ich es aber auch gemacht wie Merike: Vielleicht gab es so einen Tag, da bin ich einfach mal im Bett geblieben und habe nichts gemacht. Und dann habe ich mir eine Geschichte ausgedacht. Eine Geschichte über das Nichtstun und seine wundersamen Folgen.

Mein kleines Haushalts-Abc

Das bisschen Haushalt macht sich von allein?
Nicht wirklich! Und deshalb gehe ich hier schon mal an die
Arbeit.

Von Hausarbeit behaupten ja manche Leute, dass es sie gar
nicht gibt. Diese Leute sagen zum Beispiel Sätze wie: »Nach
dem ersten Kind hat sie aufgehört zu arbeiten.« Und sie meinen
damit: Das, was Mütter zu Hause tun, ist keine Arbeit.

Außerdem ist mir aufgefallen, dass ich gar kein Haus habe,
sondern nur eine Wohnung. Die Sache scheint also kompliziert.
Denn wie soll ich über Hausarbeit schreiben, wenn es weder
Haus noch Arbeit gibt? Mir ist trotzdem was eingefallen:

A wie Aufkleber
Aufkleber spielen in meinem Haushalt eine bedeutende Rolle.
Es gibt gute Aufkleber. Die sind gelb, man kann sie beschriften
und an den Türrahmen hängen. Auf guten Aufklebern stehen
meistens Sachen wie: Kinderzahnpasta! Oder: Musikschule
anrufen! So kann man das, was man gerade im Kopf hat, vor
dem Vergessen retten. Der größte Vorteil von guten Aufklebern
ist aber, dass man sie innerhalb von einer Sekunde entsorgen
kann.

Ganz anders schlechte Aufkleber. Meine Kinder lieben
schlechte Aufkleber. Und sie kleben sie überallhin: kitschige

Diddlmäuse an unsere Sprossenfenster, Felix, den Hasen, auf Jochens Laptop, kreischgrüne Dinos auf die Wand hinter dem Hochbett. Schlechte Aufkleber sind nicht nur deshalb schlecht, weil sie nicht gut aussehen, sondern vor allem, weil sie nicht wieder abgehen: So fraß der Dino bei seinem Abschied gleich noch etwas Putz von der Wand. Und der Versuch, die Glitzerherzen vom Stadtbüchereibuch zu entfernen, bescherte mir eine Strafgebühr: Die Conni vom Einband hatte nämlich plötzlich keinen Kopf mehr.

Unerwartete Haushaltshilfe bekam ich kürzlich von einer Schuhverkäuferin. Als sie mit den Preisschildern rumhantierte, bekundete ich meinen Hass auf schlechte Aufkleber. »Föhnen«, sagte die Verkäuferin, »Sie müssen die Aufkleber föhnen, dann gehen sie leicht ab.«

Die letzte Stunde von Laptop-Felix hat geschlagen.

R wie Räumen

Ich bekenne, ich bin nicht nur ein Dauersucher. Sondern auch ein Dauerräumer. Wenn ich zu Hause bin – ich glaube, ich erwähnte das bereits – habe ich das Gefühl, dass ich eigentlich permanent Dinge von A nach B räume. Wobei A für gewöhnlich der Boden ist, von dem ich etwas aufhebe. »Irgendwann«, sagte ich neulich zu Jochen, »wirst du mich versteinert vorfinden: in Hockstellung, mit leerem Blick und einem schmutzigen Kinderunterhemd in der Hand.«

Mein Mann bekundete nur mäßiges Mitleid. Er hat nämlich selbst ein Räum-Trauma – und zwar mit mir. Jochen meint, ich sei eine Spülmaschinen-Anarchistin. Seit Jahren versucht er mir beizubringen, dass die langstieligen Weingläser schräg auf ein bestimmtes Plastikteil in die rechte obere Ecke gestellt werden müssen. Weil ich aber noch nie von einem Weingläser-Fengshui gehört habe, räume ich die Gläser immer dahin, wo noch Platz ist. Ich finde nämlich: Auch unten links werden sie so sauber, dass es locker mit dem Nachbarn klappen würde. Jochen hält das für eine Wahrnehmungsstörung.

B wie Buch

Bücher sind mir bei der Bewältigung meines Haushalts eine zuverlässige Hilfe. Besonders Kochbücher.

Ich kann nämlich nicht besonders gut kochen. Und wenn ich es doch tue, wollen die Kinder garantiert helfen, was die Sache für mich nicht unbedingt einfacher macht: Neulich zum Beispiel verfeinerte Jette meine monochrom rote Nudelsoße heimlich mit bunten Bügelperlen, was ihr die Krone in Jochens linkem unterem Kiefer sehr übelnahm. Clara wiederum verwechselt meinen hochsensiblen Pizzahefeteig gern mit ihrer Kinderknete, was dazu führt, dass der Hefeteig eine Stunde später hart wie Eichenparkett unter dem Käse liegt.

Das ist der Moment, wo ich meistens in mein »Schlampenkochbuch«[17] gucke. Das »Schlampenkochbuch« bekam ich von einer Single-Freundin, und nachdem ich wegen des Titels kurzzeitig beleidigt war, stellte ich fest, dass das Schlampenkochbuch auch in meinem Haushalt gut zu gebrauchen ist. Man erfährt dort, wie man aus einem leergegessenen Kühlschrank noch etwas Genießbares für vier Personen raushort. Und wie man einen psychologisch wertvollen Kartoffelbrei zubereitet – zum Beispiel für eine Sechsjährige mit Hausaufgabenkummer. Oder – mit viel Butter – für eine Mutter, die gerade ganz viel Haushalt hat und ganz wenig Lust darauf.

E wie Ecken putzen

Zum Eckenputzen benutze ich gern meinen Staubmoppel. Er ist lila und sieht aus wie eine Federboa mit Stiel. Man kann damit elegant herumwedeln – und meistens kommt der Staub dann aus der Ecke heraus. Meine Kinder lieben den Staubmoppel. Und obwohl sie normalerweise keine sehr zuverlässigen Putzhilfen sind: Ecken putzen mit der Federboa finden sie schick!

Meine Mutter – sie ist Meisterin der ländlichen Hauswirtschaft – hält diese Art des Saubermachens für völlig unzureichend. »Will man es gründlich und schnell machen«, sagt sie, »dann macht man es nach REFA.« REFA ist ein Verein von Rationalisierungsfachleuten, und im Lexikon steht, die REFA-Leitsätze seien dazu da, das »optimale Zusammenwirken von arbeitenden Menschen und Arbeitsmitteln am Arbeitsgegenstand« zu gewährleisten.

Tatsächlich habe ich mich neulich gefragt, ob mein Staubmoppel und ich optimal zusammenwirken. Ich habe nämlich festgestellt, dass der Staub zwar aus der Ecke rauskommt. Aber sich dann klammheimlich woanders niederlässt. Etwa auf unserer Wohnzimmerlampe. Oder auf der Tastatur meines Computers.

Das erschien mir zunächst suboptimal. Dann aber musste ich an meine Mädchen denken. Und daran, dass ja bekannt ist: Kinder aus domestosgepflegten Haushalten sind öfter allergisch als solche, deren Immunsystem von der einen oder anderen Wollmaus stimuliert wird. Vor diesem Hintergrund kam ich zu folgendem Schluss: Beim Putzen im Allgemeinen und beim Eckenputzen im Besonderen kann das Zusammenwirken von arbeitendem Mensch (ich) und Arbeitsmitteln (Staubmoppel) am Arbeitsgegenstand (Dreckecke) nur dann optimal genannt werden, wenn der arbeitende Mensch gelegentlich schlampt. Sicher ist diese Definition nicht REFA-tauglich. Mir kommt sie trotzdem entgegen.

I wie »Ist das etwa Johannisbeersaft?«
Meine Familie neigt zur Fleckenbildung. Und, ja: Meistens ist es Johannisbeersaft. Fahrradschmiere. Zahnpasta. Oder irgendetwas anderes, was auf Sommerkleidchen oder Sesselbezügen nichts zu suchen hat. In diesen Fällen empfehle ich Google. Suchmaschinen wissen nämlich, dass Karotte mit Sonne weggeht, Rotwein mit Buttermilch und Senf mit 4711.

Nur neulich ließ mich Google im Stich, als Jochen abends drei sehr helle, merkwürdige Flecken an seinem Jackenkragen hatte. Auf meine Anfrage, was man denn bei »Jacke, Fleck, hell« machen könne, empfahl mir Google ein Buch mit dem Titel: »Der Fleck, die Jacke, die Zimmer, der Schmerz« – eindeutig kein Leitfaden des Hausfrauenbundes. Inzwischen habe ich Google verziehen. Tage später fanden wir nämlich heraus, dass es sich bei den Flecken auf Jochens Kragen um Blondierungscreme handelte!

Nein, nein, es ist ganz anders, als Sie denken: Mein Mann war mit den Mädels beim Friseur gewesen. Und die Dame, die ihm die Jacke abnahm, hatte noch Blondierung an den Händen, weil sie gerade einer anderen Dame die Haare färbte. Das Fleckenmittel der Wahl war in diesem Fall eine neue Jacke, die generöserweise die Haftpflichtversicherung des Friseurs bezahlte. Darauf konnte Google wirklich nicht kommen.

Doch zurück zur Arbeit: Jetzt habe ich das A, das R, das B, das E und das I, fehlt noch das T – und ich hätte alles erledigt. Zum T fallen mir Tellerberge ein. Oder T-Shirts (ungebügelt). Oder:

T wie Topfpflanzen
Die Zucht und Pflege von Topfpflanzen gehört durchaus auch zur Hausarbeit. Allerdings finde ich Alpenveilchen und Benjaminis doof. Und für die Orchideenzucht bin ich zu unbegabt. Deshalb ziehe ich robustes Grünzeug vor: Bambusstiele etwa oder Hagebuttenzweige, die auch braun was hermachen. Dazu eine Lampe mit sanftem Licht. Und ein hübsches Bild. Jochen findet meine dekorativen Bemühungen grenzwertig. Er sagt, bei uns sähe es aus wie in einem Wellnesshotel. Ich finde: Das ist doch der beste Beweis, dass man es mit Hausarbeit zu was bringen kann: Vor kurzem hatte ich nicht mal ein Haus. Jetzt habe ich schon ein Hotel.

Happy Hours am Knüllwald

Wer Kinder hat, hat gut lachen. Und da Lachen angeblich die beste Medizin ist, sehe ich dem Herbst und seinen Erkältungswellen gelassen entgegen.

Wissen Sie, was Gelotologie ist? Nein, das ist nicht die Erforschung alter Gesteinsschichten. Auch kein neuer Ausbildungsberuf für die Entwicklung exotischer Eissorten. Gelotologie ist die Lehre vom Lachen.

Kein Witz! Ich weiß das deshalb, weil ich neulich im Wartezimmer beim Kinderarzt auf einen interessanten Artikel über Lachforschung gestoßen bin. Gelotologen aus der ganzen Welt hätten herausgefunden, dass Lachen überaus heilsam sei, stand da: Lachen rege die Atmung an, trainiere die Muskulatur, fördere die Durchblutung und die Verdauung, es senke den Blutdruck und den Stresshormonpegel und stärke darüber hinaus die Immunabwehr. Außerdem fördere Lachen Sozialkontakte und menschliche Nähe.

Und weil das alles so gesund sei, las ich, gebe es auch bei uns, im ernsten Deutschland, immer mehr Lachclubs und Humortherapeuten, sozusagen Fachleute, die aus Gründen der medizinischen Vorsorge Frohsinn verbreiten.

Ich stellte mir also vor, wie ein Novemberblues-Geschädigter zu einem Humortherapeuten geht und sagt: »Guten Tag, mir ist das Lachen vergangen. Was raten Sie mir?«

Dabei wurde mir sofort klar: Diesen Weg kann ich mir sparen. Nicht weil ich von Natur aus ein unverbesserlicher Optimist bin. Sondern weil ich meine persönlichen Humortherapeuten tagtäglich um mich habe. Sie heißen Clara und Jette. Und sie sorgen dafür, dass ich regelmäßig was zu lachen habe. Zu diesem Zweck bedienen sie sich verschiedener therapeutischer Methoden:

Erstens: Sie sind freiwillig fröhlich!
Erwachsene, das habe ich auch in dem Artikel über die Lachforschung gelesen, lachen täglich ungefähr 15-mal. Kinder hingegen 400-mal. Ich glaube das sofort. Wenn meine beiden Mädels nicht gerade streiten, mit Magen-Darm-Virus daniederliegen oder aufräumen sollen, dann lachen sie: über das Preisschild, das sie auf Jochens Jeans geklebt haben und das seine Hinterseite jetzt für 1,99 Euro anbietet. Über das Pupskissen, was sie mir untergejubelt haben. Über die Socken von Meister Eder, der sich auf die Socken macht und mit Pumuckl durch die Schreinerwerkstatt sockt. Über die bahnbrechende Entdeckung, dass sich Anke auf Danke reimt. Oder über das Autobahnschild an der A7, an dem wir immer vorbeifahren, wenn wir zu Oma Hella in den Norden wollen, und auf dem steht, dass es jetzt gleich nach Knüllwald abgeht.

Jette hat dabei eine so dreckige Lache wie J.R. Ewing, als er noch in Dallas andere übers Ohr hauen durfte. Und Clara kriegt jedes Mal dieses begeisterte Strahlen. Das Lachen meiner Kinder hat bei mir durchschlagende humortherapeutische Wirkung. Es ist nämlich ansteckend. Und wenn ich nicht gerade im Auto sitze und an Knüllwald vorbeifahre, dann ertappe ich mich dabei, wie ich gelegentlich mit dem Ohr an der Kinderzimmertür klebe, weil es dahinter ziemlich viel zu lachen gibt. Dann muss ich auch lachen. Obwohl ich eigentlich gar nicht genau weiß, worüber.

Anmerkung für die gelotologische Forschung: Die tägliche Lachfrequenz von Erwachsenen muss in der Statistik nach oben korrigiert werden, wenn die Erwachsenen Kinder haben und diese Kinder nicht mehr im Trotzalter und noch nicht in der Pubertät sind. So lacht beispielsweise Anke Willers, schon länger erwachsen und Mutter von zwei Mädchen, 33-mal am Tag. Hierbei handelt es sich um einen täglichen Durchschnittswert, der in der 32. Kalenderwoche 2007 ermittelt wurde.

Zweitens: Sie sind unfreiwillig komisch!
Mit dieser Methode erzielen meine Kinder bei mir die besten therapeutischen Erfolge. Dazu ein kleines Beispiel aus der täglichen Praxis: Bei uns gibt es zum Trinken meistens Wasser oder Saftschorle. Aus Gläsern oder – wenn wir das Haus verlassen – aus Aluflaschen mit Schraubverschluss. Nun kommt es ziemlich häufig vor, dass die Aluflaschen samt Schorlerest unter Autositzen oder in Rucksäcken vergessen werden. Tauchen sie dann drei Tage später wieder auf, sage ich meistens zu den Mädchen: »Nicht mehr trinken, das schmeckt nicht mehr gut. Das ist jetzt faul.«

Nun trug es sich eines Abends zu, dass Jochen und ich Besuch hatten. Unsere Humortherapeuten waren bereits im Bett. Und vielleicht lag es daran, dass wir an diesem Abend eher ernste Themen bearbeiteten: Erst waren Schulprobleme dran, dann die Altersvorsorge, schließlich der Klimawandel. Zum Glück hatten wir was Gutes zu essen: Es gab Reh in Rotweinsauce. Und ein Rest von dem Rotwein stand im Wasserglas noch auf dem Küchentisch. Als wir gerade beim Feinstaub waren und die letzten Kartoffeln in die Rotweinsoße tauchten, tauchte in der Wohnzimmertür eine sehr verschlafene Jette auf und sprach mit angeekelter Miene folgenden Satz: »Mama, ich hab Durst – aber der Johannisbeersaft auf dem Küchentisch, der ist faul ...«

In diesem Moment verstand ich, warum Alkohol die Stimmung hebt – selbst dann, wenn andere nur daran riechen.
Anmerkung für die Forschung: Sind minderjährige Humortherapeuten im Haus, sollte fauler Johannisbeersaft nicht unbeaufsichtigt auf Küchentischen herumstehen. Andere, harmlosere Genussmittel sind für die therapeutische Arbeit vorzuziehen.

Ich empfehle zum Beispiel auch Speiseeis: Vor kurzem musste ich einen längeren Artikel schreiben. Es ging um die Frage, wie kleine Kinder ihre Muttersprache lernen. Ein interessantes Thema, zu dem ich mehrere Sprachforscher interviewte. Gleich danach musste ich weg, Jette abholen. Während ich durch den U-Bahn-Schacht eilte, ging mir das letzte Interview noch durch den Kopf: Die Pluralbildung, hatte mein Sprachforscher gesagt, beherrschten schon Vierjährige aus dem Effeff.

Da ich mitunter zu zwanghaftem Nachrecherchieren neige, stellte ich Jette die Kardinalfrage, noch bevor sie im Kindergarten die Schuhe angezogen hatte: »Sag mal, wie ist das: Wenn du ein Eis hast, heißt es Eis, aber was sagst du, wenn du mehr als ein Eis hast?« (Ich gebe zu, die Frage war gemein. Und falls Sie jetzt im DUDEN nachschauen wollen: Das Eis und seine grammatischen Varianten finden Sie auf Seite 331 eingeklemmt zwischen der Friedensgöttin Eirene und einem Etsch-Nebenfluss namens Eisack).

Jette wusste von all dem natürlich nichts. Nach einer Kunstpause sagte sie mit ernster Miene: »Also, Mama, wenn ich zwei Eisse habe, dann sage ich: DANKE!«

Anmerkung für die Forschung: Selbst trockene Materie wie die Pluralbildung bei deutschen Substantiven kann das Lachmuskeltraining unterstützen und so in der dunklen Jahreszeit die Abwehrkräfte stärken. Allerdings nur, wenn der Humortherapeut die Absicht hat, in jedem Fall einen wohlerzogenen Eindruck zu machen.

Neben den bereits genannten Methoden bedienen sich meine Therapeuten noch eines weiteren Ansatzes, um mein Zwerchfell auf Trab zu bringen.

Drittens: Sie erzählen Witze!
Oder sagen wir so: Sie versuchen es. Claras erster Witz ging so: »Mama, hör mal, ich weiß was ganz Lustiges: Fritz kommt um die Ecke, was fehlt?«

Ich: »Keine Ahnung!«

Clara: »Die Ecke! Oder nee: Warte mal ...«

Ich: »Vielleicht der Witz?«

Clara: »Ach ja!«

Die therapeutische Wirkung dieses Witzes war eher sparsam. Allerdings weiß ich aus der gelotologischen Forschung: Witze erzählen ist eine anspruchsvolle Sache, die Konzentration und Sprachgefühl erfordert. Deshalb meine ich auch, dass man mit Humortherapeuten, die noch in der Ausbildung sind, nachsichtig sein sollte. Sie brauchen Zeit, um die verschiedenen Übungsphasen zu durchlaufen. Meist kommt nach der Sparwitzphase nämlich die peinliche Phase. So erzählt der achtjährige Sohn einer Kollegin gerne diesen Witz: Treffen sich ein Elefant und ein Kamel. Fragt der Elefant: Wieso hast du deinen Busen auf dem Rücken? Kontert das Kamel: Wieso hast du deinen Pimmel im Gesicht? Der angehende Humortherapeut pflegt sich darüber scheckig zu lachen, während alle anderen grinsend zu Boden gucken. Und seine Mutter am liebsten im selbigen versinken würde.

Doch Übung macht ja bekanntlich den Meister. Und wahrscheinlich wird der Achtjährige bis zum nächsten Weltlachtag bereits sein Humortherapeuten-Diplom in der Tasche haben. Und perfekte Witze erzählen, zum Beispiel diesen hier: Trifft ne Null ne Acht. Sagt die Null: Hey, cooler Gürtel!

PS: Der nächste Weltlachtag ist im Mai. Sie dürfen aber auch vorher schon!

Ich bin's,
das Weihnachtshasenzahngespenst!

Kinder brauchen Märchen. Mütter auch! Und deshalb tue ich einiges, um meine Hausgeister bei Laune zu halten!

Wie Sie ja wissen, sind wir eine vierköpfige Familie: Jochen und Anke, Clara und Jette. Das ist aber nur die halbe Wahrheit. Die ganze Wahrheit ist: Unsere Familie ist viel größer. Zurzeit sind wir beispielsweise zehn: zwei Erwachsene, zwei Kinder, ein Weihnachtsmann, ein Christkind, ein Nikolaus, eine Zahnfee und zwei Brausebiester. Zwischendurch hatten wir auch mal Besuch vom Traumfresserchen, von Karius und Baktus, von der Schnullerfee, von drei unsichtbaren Freunden namens Schokoli, Kalla und Dodo. Und natürlich vom Osterhasen.

Sie können sich denken, dass das Zusammenleben mit einem guten Dutzend Fabelwesen turbulent ist. Ich habe allerdings festgestellt: Wenn man sich auf sie einlässt, dann läuft es geradezu fantastisch!

Gute Geister: Es war einmal ein Weihnachtsmann, der liebte ein Christkind

Im Moment treten sich die guten Geister bei uns auf die Füße. Erst vor drei Tagen war die Zahnfee da. Sie bestellte Grüße von der Schnullerfee. Und legte Glitzeraufkleber unters Kopfkissen, weil einer von Claras Schneidezähnen in einem Wiener Würstchen stecken geblieben war.

Kaum ist die spendable Fee weg, beginnt jetzt, Ende November, auch schon die Gute-Geister-Hauptsaison. Und das bedeutet: Clara und Jette müssen erstens dringend mit der Wunschzettelproduktion beginnen. Und zweitens darauf achten, dass sie bei den guten Geistern Eindruck machen. Denn ich sage immer: Nur Kinder, die sich an mindestens fünf aufeinander folgenden Tagen ohne Geschrei die Haare kämmen und meinen Wunsch, die dreckigen Schuhe ordentlich in den Flur auf die Matte zu stellen, nicht mit »blöde Mama« kommentieren – nur solche Kinder können sicher sein, dass der Nikolaus ihren Wunschzettel am 6. Dezember mitnimmt. Und dass der Weihnachtsmann und das Christkind ihn dann auch bearbeiten.

Moment, sagen Sie jetzt vielleicht, da stimmt doch was nicht: Es kommt entweder das Christkind oder der Weihnachtsmann. Das sind doch zwei ganz unterschiedliche Figuren. Das eine wurde vor rund 2009 Jahren in Bethlehem geboren und hat eine christliche Mission. Und der andere, der mit dem roten Mantel und dem weißen Bart und den Rentieren, kommt der nicht aus Lappland, emigrierte dann nach Amerika und wurde erst durch eine Werbekampagne von Coca-Cola richtig berühmt?

Kann sein – aber meine Kinder nehmen es mit religösen und geschichtlichen Details nicht so genau. Clara favorisiert seit Jahren das Christkind. Schließlich sind Christkinder liebe und elfenhafte Wesen, die ein bisschen aussehen wie Prinzessin Lillifee. Und so zart und gelenkig sind, dass sie auch dann noch mit allen Geschenken durchs gekippte Wohnzimmerfenster passen, wenn sie vorher eine ganze Packung Dominosteine genascht haben.

Jette hingegen gefällt mehr der Weihnachtsmann. Einer, meint sie, muss ja der Chef von den ganzen dicken und starken Männern sein, die im Dezember in Münchner Einkaufszonen rumstehen und sie dauernd fragen: Na, warst du auch brav?

Für meine Kinder ist die Doppel-Besetzung aber kein Problem: Denn einer allein schafft es sowieso nicht, in einer Nacht alle Leute zu beschenken. Und deshalb, klare Sache, lenkt der

Weihnachtsmann den Schlitten und füttert Rudolph. Und das Christkind fliegt rum und verteilt Päckchen.

»Außerdem«, sagte Jette neulich, »sind die beiden sowieso in sich verliebt.«

Das allerdings würde eigentlich fast alles erklären.

Und die Moral von der Geschicht': Gute Geister sind hilfsbereit und großzügig, und sie belohnen kleine Menschen, die sich anständig benehmen oder sich klaglos von Wackelzähnen trennen. Insofern sind gute Geister durchaus ernstzunehmende Erziehungshilfen. Außerdem haben sie das, was jede Kindheit braucht: Geheimnisse und magische Kräfte! Natürlich kann ein dicker Weihnachtsmann machen, dass sich ein dünnes Christkind in ihn verliebt. Und bestimmt treiben die beiden auch irgendwo den roten Wecker auf mit den Glitzerzeigern, die wie Hände aussehen.

Böse Geister: Es waren einmal zwei Brausebiester, die mochten auch Flipflops

Unsere beiden Brausebiester heißen Hans und Franz. Zuerst waren sie ziemlich böse. Sie wohnten hinter Jettes Fensterladen und machten nachts Radau. Jette wachte dann immer auf, weinte und behauptete, Hans und Franz wollten sie mitnehmen.

»Ihr braucht ein Traumfresserchen«, sagte meine Freundin Susa. »Traumfresserchen fressen die bösen Träume auf und lassen die guten da.«[18]

Am nächsten Abend riefen wir also ganz laut: »Traumfresserchen, Traumfresserchen! Komm mit dem Hornmesserchen, komm mit dem Glasgäbelchen, sperr auf dein Schnapp-Schnäbelchen ...« Wir riefen das auch am übernächsten und überübernächsten Abend. Aber das Traumfresserchen kam nicht. Oder war ein Dilettant. Jedenfalls randalierten Hans und Franz weiter. Außerdem hatte Jette nun auch noch vor dem Traumfresserchen Angst. Doch dann kam Clara aus der Schule und sagte, sie hätte dort die Geschichte von Lotte und den Monstern[19] gelesen: »In der Geschichte steht drin, dass Monster sehr gern fernsehen und gar nicht mehr gerne Gurken essen.«

»Ja«, sagte ich, »das habe ich auch schon gehört.«

Wir einigten uns darauf, dass Monster und Biester sicher sehr ähnlich veranlagt sind. Dann überlegten wir, was sie außer viel Fernsehen und wenig Gurken sonst noch mögen könnten. »Lakritzschnecken«, sagte Clara. »Brausebonbons«, sagte Jette.

Abends legten wir drei Sorten Brausebonbons neben den Fernseher. Dazu eine Tüte Lakritz. Am nächsten Tag waren die Colabrausebonbons weg. Dafür lag ein Zettel da: Lecker! Mehr!

Für Jette war die Sache klar: Hans und Franz liebten Colabrause. Und wenn sie die hatten und dazu eine Fernbedienung mit 23 Knöpfen, dann wurden sie richtig nett und dachten gar nicht mehr daran, kleine Mädchen zu erschrecken. Inzwischen haben wir festgestellt, dass unsere Brausebiester auch Tesafilm mögen, Bastelscheren, Lippenstifte – und Flipflops. Diese Sachen sind nämlich bei uns oft unauffindbar. Unter normalen Umständen würde ich ja behaupten: Die hat Jette verschlampt. Seit wir Hans und Franz haben, ist Jette aber aus dem Schneider.

Und die Moral von der Geschicht': Kinderängste verschwinden nicht immer, wenn große Menschen Licht machen, in alle Schränke gucken und behaupten: Siehst du, kein Gespenst da! Dann braucht man eine andere Taktik: Man muss sich mit den bösen Biestern anfreunden und sie schwach machen – zum Beispiel mit Brausebonbons.

Geistreiche Erkenntnisse:
Es war einmal ein Osterhase, der trug eine Brille
Sicher haben Sie es schon gemerkt: Ich mag unsere Hausgeister. Denn sie machen das Leben bunt und fördern bei allen Beteiligten die Fantasie und das kreative Potenzial. Und genau das kann ich auch beim Artikelschreiben gut gebrauchen.

Nun könnte man natürlich sagen: Ich bin ein schlechtes Vorbild, das es mit der Wahrheit nicht so genau nimmt. Und mich fragen, was ich tue, wenn der ganze Schmus auffliegt.

Ja, darüber habe ich mir auch schon Gedanken gemacht: Clara ist immerhin jetzt in der zweiten Klasse. Und in der Schule wird ja gern erzählt, dass Weihnachtsmänner Kinderkram sind. Und dass es die höchstens aus Schokolade gibt.

Außerdem hat sie letzten April den Osterhasen beim Eierverstecken beobachtet und gesehen, dass er eine Brille trägt und aussieht wie Oma Fini. Clara hatte das damals auch kritisch angemerkt. Und ich hatte kurz überlegt, ob ich sagen soll, dass der Osterhase super viel zu tun hat und Oma Fini als Aushilfe beschäftigt. Aber dann habe ich lieber nichts gesagt. Man muss es ja nicht übertreiben mit dem Geschichtenerzählen.

»Meinst du, wir können den Weihnachtsmann dieses Jahr noch retten?«, fragte ich deshalb neulich Jochen.

»Ja«, sagte der, »aber nur für Jette!« »Wieso?«, fragte ich. »Clara«, sagte mein Mann, »weiß längst Bescheid. Sie weiß, dass ich es bin, der gern mal Brausebonbons zur Tagesschau lutscht. Und sie weiß auch, dass der Weihnachtsmann in Jettes Kindergarten der Papa von Sophia ist.«

»Ach«, sagte ich, »das ist ja schade!«

»Na ja«, sagte Jochen, »eine kleine Illusion gibt es noch.«

»Aha?«, fragte ich und war gespannt auf einen neuen Hausgeist. Jochen fuhr fort: »Clara hat gesagt, ich soll das mit dem Weihnachtsmann nicht weitererzählen. Sie meinte: Jette glaubt doch noch dran. Und Mama auch!«

Bankgeheimnisse rund um die Uhr

Ich habe Probleme mit meiner Bank.
Die Bank ist zu lang. Das wiederum liegt an der Zeit. Denn die
ist zu kurz. Über kurz oder lang muss sich da was ändern!

Mein Alltag und ich, wir haben ein Problem: ein Zeitproblem.
Irgendwie habe ich oft das Gefühl, Dinge nicht zu schaffen,
weil andere Sachen mir wichtiger erscheinen und ich die dann
zuerst mache. Was aber zur Folge hat, dass viele Dinge auf die
lange Bank kommen. Dort hocken sie dann rum und rufen mir
zu: »He, ich bin auch noch da, wann kümmerst du dich endlich
um mich?«

Auf meiner langen Bank hockt zum Beispiel ein Maniküre-
Gutschein, den ich von Inge zum 40. Geburtstag bekam. Ich
finde das bedenklich. Denn es bedeutet, dass ich mich seit Jahren nicht angemessen um meine Nägel kümmere. Außerdem
ist es nicht nett von mir, wenn ich etwas nicht einlöse, für das
jemand anders Geld ausgegeben hat. Auf meiner langen Bank
hockt außerdem das Informationsblatt der Krankenkasse.
Darin steht, dass ich 200 Euro von meinem Beitrag zurückkrie-
ge, wenn ich Bonuspunkte sammle. Dazu, schreibt die Kasse,
müsse ich bloß die mitgeschickten Coupons von den Ärzten
abstempeln lassen, bei denen ich oder die Kinder im letzten
Jahr waren. Wie viel Zeit es kostet, die Coupons hin- und her-
zutragen, schreibt die Kasse nicht.

Außerdem hocken auf meiner langen Bank drei Paar abgelaufene Schuhe, die zum Schuster wollen, eine Kinderskihose mit kaputtem Reißverschluss, zwei Telefonnummern, die ich unbedingt anrufen muss, obwohl ich nicht mehr weiß, zu wem sie gehören. Ein Kühlschrank, der abgetaut werden will. Sowie drei Freundinnen in Kassel, Hamburg und Bielefeld, die mich vermutlich gar nicht mehr erkennen würden.

Nun könnte man zu dem Schluss kommen, dass ich einfach schlecht organisiert bin. Darüber habe ich auch schon nachgedacht, allerdings nur kurz. Denn es kam was Wichtiges dazwischen.

Jetzt aber, versprochen, jetzt werde ich mir die Zeit nehmen. Und das Ganze mal genauer anschauen. Wieso wird meine lange Bank immer länger? Ich komme zu folgenden Ergebnissen: Ich habe zu wenig Zeit,

... weil Plus plus Plus manchmal Minus ergibt

Das finden Sie unlogisch? Ich erkläre es Ihnen. Nehmen wir das erste Plus. Das erste Plus ist die Tatsache, dass ich eine Familie und zwei aufgeweckte Kinder habe. Ganz dickes Plus! Aber ich will auch, dass es so bleibt. Und deshalb versuche ich, meinen Kindern Zeit zu schenken – mindestens drei, vier Stunden am Tag. Denn so viel Zeit brauche ich schon, um Schularbeiten nachzugucken, rosa Rastazöpfe in feines blondes Kinderhaar zu flechten, viermal hintereinander Uno zu spielen und mir dabei nicht anmerken zu lassen, dass ich mit Absicht verliere. Oder auch, um angemessen die Bastelarbeit zu bewundern, die aussieht wie ein weißes Blatt mit bunten Schnipseln – obwohl Jette behauptet, es handele sich um einen Wassercomputer (??).

Das zweite Plus ist mein Beruf. Natürlich freue ich mich auch sehr, dass ich einen Job habe, bei dem ich interessante Dinge tun kann und außerdem Geld verdiene. Damit das so bleibt, muss ich aber auch dafür was tun. Und das bedeutet: Ungefähr vier, fünf Stunden täglich beschäftige ich mich mit beruflichen Dingen.

So! Dann wären da noch ein Ehemann, die Lebensmittelbeschaffung, -zubereitung und -vertilgung, die Wäsche- und Aufräumarie, Sozialkontakte, körperliche Ertüchtigung, unvorhergesehene Arztbesuche, weil Jette mal wieder irgendwo runtergefallen ist ... und, ach ja, schlafen muss ich auch gelegentlich. Macht summa summarum – Sie merken es schon – deutlich mehr als 24 Stunden. Das aber bedeutet: Ich muss irgendwo streichen. Und das wiederum macht meine Bank noch länger. Also: dickes Minus.

Zum Glück weiß ich, dass ich mit diesem Problem nicht allein dastehe. Neulich las ich einen denkwürdigen Satz. Er lautete: Die Vereinbarkeit von Familie und Beruf ist eine Chimäre. Es gibt nichts zu vereinbaren. Es gibt bloß was zu addieren. Der Satz war von Iris Radisch, Mutter dreier Töchter und erfolgreiche Literaturkritikerin.[20] Der Satz ist sehr wahr!

Vielleicht aber haben wir Mütter auch deshalb zu wenig Zeit,

... weil unsere Kinder zu viel davon haben.

Doch, wirklich! Das Ganze ist einfach ungerecht verteilt. Bei mir jedenfalls ist es oft so, dass ich was erledigen will, aber nicht dazu komme, weil meine Kinder beschlossen haben, dass noch Zeit genug ist, feine Dame mit Federboa zu spielen. Meine Mädchen haben, wie 99 Prozent aller Kinder, immer das Gefühl, es sei noch Zeit genug. Doch während ich dastehe und drängle und will, dass die feinen Damen endlich ihre Federboa aus- und die Regenjacken anziehen, vergeht die Zeit, die ich bräuchte, um – sagen wir mal – die Schuhe zum Schuster zu bringen.

Kurz: Irgendeiner trödelt immer. Heute Morgen zum Beispiel verbrachte Jette fünf Minuten vor dem Kleiderschrank, weil sie die Klamotten, die ich abends rausgelegt hatte, nicht genehm fand. Zu dem T-Shirt mit Pferd müsse sie dringend die Unterhose mit Pferd anziehen, behauptete sie. Und ich konnte mir überlegen, ob ich jetzt ein anderes T-Shirt suchte oder eine andere Unterhose oder zu diskutieren begann. Alles kostete Zeit.

Nun könnte man natürlich sagen: Liebe Anke Willers, wenn Sie schon so genau wissen, dass immer einer trödelt, müssen Sie eben früher aufstehen. Sie werden es nicht glauben: Ich habe es versucht. Ich habe meinen Wecker 15 Minuten vorgestellt. Und was passierte: Am Ende wurde alles noch eiliger. Und das lag nicht nur daran, dass mein morgendlicher Biorhythmus 15 Minuten früher noch langsamer getaktet ist als sonst. Sondern auch daran, dass ich mir eingebildet hatte, heute besonders viel Zeit zu haben, und deshalb zwischen Schulbrot und Krawattenberatung noch schnell den Flur saugen wollte. Dabei musste ich feststellen, dass der Staubsaugerbeutel voll war. Beim hastigen Herausreißen brach ich einen Stift aus der Halterungsvorrichtung. Dann konnte ich die Packung mit den Reservebeuteln nicht finden. Und die Kinder trödelten trotzdem.

Doch verschwenden wir keine Zeit mehr an diesen unerfreulichen Morgen. Und kommen wir zum dritten Punkt meiner Ursachenforschung. Er lautet: Ich habe zu wenig Zeit,

... weil ich zu selten auf Vilfredo Pareto höre.

Vilfredo Pareto war ein italienischer Sozialökonom, und er fand raus, dass 80 Prozent des italienischen Volksvermögens von 20 Prozent der Bevölkerung besessen werden. Was nun das italienische Volksvermögen mit unserem unabgetauten Kühlschrank zu tun hat, hat mir Cordula Nussbaum erklärt. Cordula habe ich im Geburtsvorbereitungskurs kennengelernt. Inzwischen schreibt sie Bücher über Zeitmanagement[21] und gibt Seminare, und sie meint, dass Pareto und seine 20/80-Regel auch im Alltag mit zwei Kindern funktioniert: »Angenommen, du räumst die Kinderzimmer auf, dann brauchst du 20 Prozent der Aufräumzeit, um es einigermaßen ordentlich zu kriegen. Die restlichen 80 Prozent hältst du dich mit Spielzeugkisten-Sortieren auf, was man hinterher so gut wie nicht sieht, was aber viel Zeit kostet.«

Cordula hat Recht: Spielzeugkisten sortieren ist völlig hoffnungslos. Nicht nur, weil sich in ihnen Dinge befinden, die man noch nie gesehen hat. Sondern auch, weil die Kisten 24

Stunden später wieder genauso unordentlich sind wie vorher. Außerdem machen mich meine Kinder jedes Mal zur Schnecke, wenn ich an ihre Sachen gehe. »Du meinst, ich soll die Kisten lassen, wie sie sind, und lieber den Kühlschrank abtauen?«, fragte ich Cordula. »Zum Beispiel«, sagte die, »du könntest aber auch mit Jochen ins Kino gehen.«

Um es kurz zu machen, ich habe weder das eine noch das andere getan: Ich hatte nämlich keine Zeit. Denn ich musste dringend diese Kolumne schreiben. Und das hat länger gedauert als gedacht. Nachdem ich 20 Prozent der fürs Artikelschreiben veranschlagten Zeit aufgewandt hatte, musste ich nämlich feststellen, dass der Artikel keineswegs 80-prozentig war, sondern höchstens 50-prozentig. Also musste ich noch etwas herumfeilen.

Diese Arbeitsweise entspricht eindeutig nicht dem Pareto-Prinzip. Mein Kühlschrank sitzt immer noch auf der langen Bank. Und mein Mann ist allein ins Kino gegangen.

Ich sage deshalb: Sorry, Vilfredo. Sorry, Jochen. Ich sage aber auch: Danke! Und zwar an Sie. Immerhin haben Sie sich Zeit genommen, diese Kolumne zu lesen. Und das, obwohl Sie sicher auch einen Kühlschrank haben.

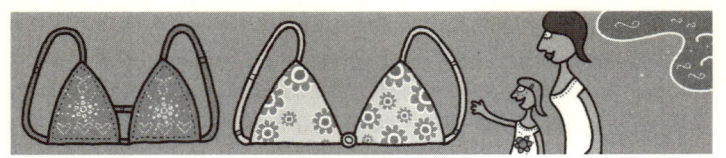

Die schönsten Wochen des Jahres

Mit den Ferien ist es wie mit kleinen Kindern, meint Anke Willers: Immer wollen sie, dass man sich um sie kümmert. Und oft sind sie ganz anders, als man sich's vorstellt.

Was machen wir denn dieses Jahr in den Sommerferien? Jochen stellte diese Frage zwischen zwei Brötchenbissen beim Sonntagsfrühstück. Eigentlich klingt die Frage harmlos. Sommerurlaub ist schließlich was Schönes. Viele behaupten ja sogar, es handele sich um die schönsten Wochen des Jahres. Und wenn man an einem grauen Aprilmorgen Brötchen kauend auf die kahlen Linden im Hof schaut, dann erscheint einem der Sommerurlaub tatsächlich wie eine Verheißung!

Fakt ist allerdings: Auch die schönsten Wochen des Jahres stehen im Juni nicht einfach so vor der Tür und sagen: »Guten Tag, hier sind wir! Nehmt uns mit. Und erholt euch gut.« Nein, die schönsten Wochen des Jahres brauchen jemanden, der sich um sie kümmert. Bei einer vierköpfigen Familie ist für das Kümmern meistens die Mutter zuständig. Also ich.

Aus Erfahrung weiß ich, dass die schönsten Wochen des Jahres vor allem eines tun: Sie werfen Fragen auf.

Wo treffen wir uns?
Ich persönlich treffe die schönsten Wochen des Jahres ja am liebsten an einem einsamen Strand, dazu ein gutes Buch und

ein Heinzelmännchen, das mir ein kühles Getränk reicht. Jochen findet das langweilig. Er trifft die schönsten Wochen des Jahres lieber in einer kulturell bedeutenden Gegend. Vorzugsweise in einem Kirchlein, das um die vorletzte Jahrtausendwende errichtet wurde und wertvolle Kunstschätze beherbergt.

Jette hingegen findet, ein Ponyhof sei der geeignete Treffpunkt für die schönsten Wochen den Jahres. Clara findet das auch gut – noch wichtiger als Ponys findet sie allerdings, dass nette Mädchen da sind, die wie sie bald acht werden.

Ich fasse zusammen: Meine Familie sucht einen kunsthistorisch bedeutsamen Ponyhof am Meer, auf dem kleine Kinder sind und außerdem viel Ruhe.

Die Gefahr, dass wir die schönsten Wochen des Jahres verpassen, ist – wie Sie sich denken können – relativ groß. So kam es schon vor, dass sie bei strahlendem Sonnenschein in Griechenland auf uns warteten, während wir an der Ostseeküste im Regen standen. Meistens suchen wir sie aber in Italien. Und damit ergeben sich gleich zwei neue Fragen:

Wie kommen wir da hin? Und: Wann fahren wir los?
Nach Italien kommt man mit dem Flugzeug oder mit dem Zug. Dann ist man allerdings vor Ort recht unflexibel – für den Fall, dass man vom Ponyhof zum Meer oder zu den bedeutenden Kunstschätzen fahren möchte. Wir fahren deshalb meistens mit dem Auto und reden uns ein, dass München die nördlichste Stadt Italiens sei und es gar nicht so weit sein könne. Jochen redet mir außerdem ein, dass das Auto uns fast von allein zu den schönsten Wochen des Jahres fährt, denn wir haben ja ein Navi!

Aber unter uns: Ich glaube ihm kein Wort! Letztes Jahr behauptete unser Navi nämlich steif und fest: »Sie haben Ihr Ziel erreicht«, als wir gerade auf einer vielbefahrenen Kreuzung zwischen Savona und Genua standen. Die schönsten Wochen des Jahres waren weit und breit nicht zu sehen, und Jette wurde nach acht Stunden Rückbankhocken so sauer, dass sie ihr Pixi-Buch Nummer 1228 (Unser Ponyhof) aus dem Fenster schmiss.

Überhaupt hatte der erste Tag der ersten schönsten Woche des Jahres sehr unschön begonnen: Letztes Jahr mussten wir unseren Sommerurlaub nämlich zum ersten Mal in den Schulferien machen. Und alle unsere Freunde, die das schon öfter getan hatten, sagten uns: Ihr müsst früh losfahren, sonst kommt ihr nie an. Wir fuhren also früh los: nachts um drei! Allerdings standen wir von halb vier bis fünf im Stau. Der Stau befand sich in einer Tankstelle, 50 Kilometer südlich von der nördlichsten Stadt Italiens, und bestand aus etwa 133 übermüdeten Menschen, die alle gleichzeitig eine Österreich-Vignette kaufen wollten.

Vor dieser Verkehrsstörung hatten uns weder unsere Freunde noch das neunmalkluge Navi gewarnt.

Als wir mit der Vignette wieder im Auto saßen, wurde es hell und die Autobahn voll, und ich begann den schönsten Wochen des Jahres zu drohen: Na wartet, wir kriegen euch noch!

Wir kriegten sie tatsächlich. Vorher tat ich allerdings, was ich immer tue, wenn ich im Auto sitze und verreisen will: Ich begann heftigst zu grübeln. Und zwar über folgende Frage:

Was habe ich diesmal vergessen?
Jettes Schmusetuch? Ist da! Claras Sandalen? Auch. Regenjacke? Bingo! Doch dann kommt's: O Gott, die Kinderausweise! Oder: O Gott, meine Sonnenbrille! Oder, noch schlimmer: Hilfe, die Antihistaminpillen, ohne die ich keinen Schluck Rotwein trinken kann.

Im letzten Jahr hatte ich alles dabei. Sogar Badeanzüge zum Wechseln. Für die Kinder. Für mich hatte ich gar kein Badezeug eingepackt. Urlaub am Meer ohne Bikini ist schwierig. Urlaub am Meer, der damit beginnt, dass man einen Bikini kaufen muss, ist auch schwierig. Denn jede Frau weiß: Bikini kaufen macht schlechte Laune, wenn man noch weiß ist wie eine Tüte Mehl, Typ 405!

Ich tat es trotzdem. Bei einem fliegenden Händler am Strand entschied ich mich dank Claras fachkundiger Beratung für ein sonnengelbes Prilblumenmodell, dessen gepolstertes Oberteil zwar ordentlich was hermachte, im Wasser aber nicht zu gebrauchen war. Denn es sog sich so voll, dass ich mich oberhalb des Nabels fühlte wie die arme Verwandte von Pam Anderson. Ich hatte also die Wahl: Gar nicht ins Wasser gehen – oder gar nicht wieder rauskommen.

So viel zum Thema: »Was hab ich vergessen?« Noch dramatischer ist jedoch die Frage:

Wen habe ich vergessen?

Das finden Sie absurd? Ich nicht. Schon früher, als die Kinder noch ganz klein waren, habe ich manchmal während des Autofahrens hektisch nach hinten geguckt. Mein Alptraum war immer, ich könnte aus Versehen mein schlafendes Kind im Maxi-Cosi auf einem Rastplatz stehen lassen.

Man kennt ja diese Meldungen nach den Verkehrsnachrichten: Mann vergisst Frau. Oder: Frau vergisst Hund. Es gibt sogar ganze Kinofilme über Mütter, die von ihren Familien an italienischen Autogrills vergessen werden und die dann beschließen, nach Venedig zu fahren – mit »Brot und Tulpen« und Bruno Ganz (unbedingt anschauen!).

Warum sollte es nicht auch vorkommen, dass eine Mutter ihr Kind vergisst – zum Beispiel, weil sie gerade einen Anfall von Stilldemenz hat oder wie ich darüber grübelt, ob sie die homöopathische Taschenapotheke eingepackt hat.

»Du brauchst eine Liste«, sagte meine Freundin Heike, die Reiseredakteurin ist. »Die kannst du beim Kofferpacken einfach abhaken.« Am nächsten Tag faxte Heike mir ein Formular für vergessliche Mütter: Ganz oben stand »Badezeug«. Ganz unten »Waschmaschine abdrehen«.

Apropos Waschmaschine. Das führt mich zur nächsten Frage, die immer dann auftaucht, wenn die schönsten Wochen des Jahres mal wieder vorüber sind:

Wie viel Wäsche verkraftet eine Mutter ohne bleibende Schäden?
Wenn vier Menschen 14 Tage fortfahren, führen sie größere Mengen stofflicher Materie mit sich. Mit »größere Mengen« meine ich: circa acht lange Hosen, 40 T-Shirts, vier dicke Pullover, vier dünne Pullover, 20 Paar Socken, 56 Unterhosen, vier Regenjacken, vier Sonnenhüte, zehn Sommerkleider, vier Badehandtücher und all die Sachen, die ich jetzt vergessen habe. Diese stoffliche Materie ist bei der Rückkehr dreckig, egal, ob man sie anhatte oder nicht. Dreckige stoffliche Materie muss gewaschen, getrocknet, gefaltet, in Schränke sortiert werden. Hinterher bin ich immer so erschöpft, dass ich dringend Urlaub brauche.

Ich habe deshalb soeben beschlossen: Dieses Jahr werde ich es anders machen. Ich werde mich entspannen, bevor die schönsten Wochen des Jahres beginnen. Und das heißt: Ich werde einfach mal abwarten. Denn, wer weiß: Vielleicht stehen die schönsten Wochen des Jahres ja doch im Sommer einfach vor der Tür. Dann werde ich sie hereinbitten. Wir könnten am Küchentisch einen Eiskaffee zusammen trinken und uns später ein bisschen München angucken.

Dabei werden wir feststellen, dass es hier alte Kirchen gibt und massenhaft berühmte Kunstschätze, ein Ferienprogramm für siebenjährige Mädchen, einen Ponyhof und einen Strand in S-Bahn-Nähe. Komisch, das hatte ich ganz vergessen! Stand aber auch nicht auf der Liste!

Sind wir jetzt so, wie wir nie werden wollten?

Ja, meint Anke Willers, ein bisschen spießig sind wir schon. Aber keine Angst – es tut nicht weh. Im Gegenteil: Es macht sogar Spaß. Man muss den Spieß bloß öfter mal umdrehen.

Wenn man jung ist, hat man Flausen im Kopf. Man glaubt doch tatsächlich, man könne älter werden und dabei cool bleiben.

Als ich Mutter wurde, war ich gar nicht mehr so jung, aber ich hatte trotzdem Flausen im Kopf: Ich teilte dem Kindsvater mit, dass ich gern bereit sei, mit ihm Kinder zu kriegen und zu erziehen. Aber nur unter einer Bedingung: »Wir machen das ganz cool und locker. Und wir werden auf keinen Fall spießig!«

»Okay«, sagte Jochen. Und stellte keine Fragen.

Eigentlich verwunderlich. Denn wenn ich es mir recht überlege, dann war meine Ansage von damals doch ziemlich nebulös. Ich meine, was meint eine werdende Mutter eigentlich genau, wenn sie sagt, sie wolle alles – bloß nicht spießig werden?? Meint sie, dass sie keine Schwangerschaftsklamotten mit Rüschen dran tragen will? Meint sie, dass sie beim Kinderturnen nicht mit den anderen Mamas »Hallo, hallo, schön, dass du da bist« singen will? Meint sie, dass sie sich nicht kleinkariert auf Spielplätzen über Hundekacke aufregen wird? Und meint sie, dass sie keinen Anrufbeantworter mit Kinderstimmenansage haben will?

Ganz ehrlich? Ja! Irgendwie meinte ich das alles ein bisschen. Und dann habe ich es doch getan! Immer wieder.

Bis auf die Schwangerschaftsrüschen war in den letzten Jahren alles dabei: Pauschalurlaub mit buntem Abend. Ringelreihen beim Kinderturnen, Kastanientierbastelnachmittage, Sonntage im überfüllten Freibad. Dazu habe ich zwei Kinder – genauso wie im Prospekt der Bausparkasse!! Alles also eher unoriginell.

Aber soll ich Ihnen was sagen: Uncoolsein geht ganz leicht. Und: Es hat sogar handfeste Vorteile, wenn man aufhört, sich gegen etwas zu wehren, was man sowieso nicht aufhalten kann. Endlich brauche ich nicht mehr zu überlegen, ob ich mit 44 noch bauchfrei tragen muss. Oder Miniröcke. Oder Turnschuhe ohne Schnürsenkel. Ich kann es einfach lassen! Ich muss auch nicht verkrampft so tun, als würde ich den Alltag mit Job und Familie ganz spontan geregelt kriegen. Nein, ich darf abends fix und foxi sein und früh mit Buch und Kräutertee ins Bett gehen, statt spontan um die Häuser zu ziehen, um zu gucken, wer guckt.

Als Spießerin darf ich ungeniert riestern, meinen Hausrat versichern und abgeschaffte Pendlerpauschalen doof finden. Kurz: Dezentes Verspießern entspannt ganz ungemein. Und es gibt noch mehr gute Gründe:

Die Kinder lieben es!
Warum werden die meisten Eltern so, wie sie eigentlich nicht werden wollten? Ich behaupte, das liegt auch an ihren Kindern. Kleine Kinder sind nämlich merkwürdige Wesen: Einerseits sind sie Anarchisten und schaffen es, eine aufgeräumte Wohnung in fünf Minuten in eine Chaosbude zu verwandeln. Andererseits sind sie superspießig!

Das glauben Sie nicht? Dann lesen Sie mal, was das Internet dazu sagt: Der Spießbürger, meint Wikipedia, sei eine Person, die sich durch »... ausgeprägte Konformität mit gesellschaftlichen Normen, Abneigungen gegen Veränderungen der gewohnten Lebensumgebung, Komfortismus und starkem Bedürfnis nach Sicherheit auszeichnet«.

Diese Definition trifft hundertprozentig auf unsere beiden Mädels zu! Clara zum Beispiel legt sehr viel Wert auf »Konformität mit gesellschaftlichen Normen«: Während der EM wollte sie unbedingt ein Sticker-Album, obwohl sie sich null für Fußball interessiert. Aber im Sommer tauschten alle Kinder in der Klasse Sticker, und da wäre es geradezu unanständig unkonform gewesen, nicht zu wissen, wer Luca Toni ist.

Auch Jette ist eine echte Wikipedia-Spießerin, denn sie hasst »Veränderungen der gewohnten Lebensumgebung« wie die Pest: Abends braucht sie zum Einschlafen ihr Schäfchenkopfkissen, ihr Punkteschmusetuch und ihre sieben Kuscheltiere. Und wehe, der Eisbär mit dem schiefen Ohr ist nicht da! Sie will auch wochenlang dieselbe Geschichte vorgelesen kriegen und immerzu den roten Rock anziehen.

Fassen wir zusammen: Kleine Kinder wollen keine coolen Eltern. Sie wollen Herz und Gefühl. Sie wollen Sicherheit und Beständigkeit. Wenn sie das kriegen, sind sie kooperativ. Wenn nicht, machen sie Stress. Kluge Eltern ahnen das. Und weil der Klügere nachgibt, sorgen sie für Ostereier zu Ostern, Smarties-Kuchen zum Geburtstag, für regelmäßige Mahlzeiten, regelmäßige Schlafenszeiten, regelmäßig gewaschene rote Röcke. Und regelmäßiges Fernsehverbot! Auch wenn diese Dinge nicht auf der Liste der 100 coolsten Belustigungen stehen.

Verspießern hilft beim Überleben!
Nehmen wir zum Beispiel meinen Küchenvorratsschrank. Coole Leute haben keinen Küchenvorratsschrank. Sie zaubern, wenn Freunde spontan vorbeikommen, aus nichts ein tolles Essen. Und wenn auch vom Nichts zu wenig da ist, gehen sie zur Tanke oder zum Bahnhofsladen. Das allerdings kostet Geld und Energie. Ich muss mit beidem haushalten. Und deshalb habe ich Vorräte. Ich mache jeden Montag einen Großeinkauf. Und: Ich liebe es, wenn mein Vorratsschrank aufgeräumt ist. Dann spare ich mir nämlich das Geschrei, das die Kinder machen, wenn sie Sonntagabend »Farfalle mit was drauf« wollen und ich erst »Ja« sage und dann nach zehn Minuten Wühlen feststelle, dass ich bloß noch Buchstabennudeln habe. Mit ohne Brühe!

Ähnlich hilfreich wie Vorratsschränke finde ich Familienkutschen. Ich bin jahrelang mit einem gebrauchten Zweitürer herumgegurkt. »Wieso«, fragte ich immer verständnislos, »wieso kaufen sich eigentlich alle gleich nach der Geburt ihres ersten Kindes so ein Riesenschiff?« Was ich gern verdrängte: Unser gebrauchter Zweitürer taugte vielleicht als Anti-Familienkutschen-Bekenntnis, raubte mir aber den letzten Nerv, wenn ich auf der Rückbank ein Kind anschnallen wollte. Außerdem passte unser Kinderwagen nicht richtig in den Kofferraum. Deshalb musste man vor dem Verstauen jedes Mal das Vorderrad abschrauben. Irgendwann nach einem Ausflug vergaßen wir das abgeschraubte Rad auf dem Gehsteig in Bad Tölz, merkten das aber erst in München. Das war nicht cool – sondern ärgerlich.

Heute haben wir eine Familienkutsche: Von außen sieht sie aus wie ein überdimensionaler Brotkasten. Und von innen auch: Denn irgendwie ist immer alles voller Krümel. Dafür kann man im Kofferraum unseres Brotkastens Kinderfahrräder, Limokästen und den Inhalt eines ganzen Vorratsschrankes locker anordnen. Außerdem kann man bis zu vier fahruntüchtige Partygäste mitnehmen. Das kommt allerdings seltener vor, denn wie ich bereits berichtete, verbringe ich, seit ich spießig bin, deutlich weniger Zeit auf Partys. Und Sonntagabend gucke ich natürlich »Tatort«!

Verspießern macht Spaß – wenn man es nicht zu ernst nimmt!
Früher, als ich gern erst zu Zeiten ins Bett ging, zu denen ich heute regelmäßig frühstücke, konnte ich mir nicht vorstellen, dass man in Schrebergärten Spaß haben kann. Heute weiß ich, dass es so ist. Zumindest in der Anlage NordWest 003. Die ist nämlich vor unserer Haustür. Und im Sommer hören wir oft das Gelächter zwischen den Hecken. Wir haben auch Freunde, die dort Parzellenbesitzer sind. Manchmal laden sie uns mit den Kindern zum Grillen ein. Oder zum Fröschegucken. Oder zum Seifenkistenbauen. Das ist meistens feuchtfröhlich. Und eindeutig unterhaltsamer, als cool in Kneipen

rumzustehen und reduzierte Gespräche zu führen, weil die Musik so laut ist.

Unterschätzt habe ich übrigens auch den Amüsierfaktor von Tupperpartys. Tupperpartys machen aus intelligenten, selbstständigen Frauen schnatternde Häppchenvertilgerinnen, die sich über die Qualitäten von Silikonbackformen austauschen und hinterher angeschickert mit drei multifunktionalen Plastikdosen nach Hause gehen.

So ist es mir passiert. Heute noch muss ich lachen, wenn ich Claras Schulbrot in die Tupperdose lege. Und das wird noch eine Weile so bleiben: Tupperdosen halten ja bekanntlich ewig!

Für den Fall, dass Sie jetzt auch Spießer werden wollen, noch zwei Tipps. Erstens: Gehen Sie auf keinen Fall los und kaufen Sie ein Hirschgeweih. Denn Hirschgeweihe sind gerade sehr cool, vor allem wenn man sie, mit silbernem Flitter besprüht, vor einer pinken Wand dekoriert. Kaufen Sie lieber Sofakissen. Und machen Sie einen Knick rein. Das ist eine sichere Sache.

Und zweitens: Bitte beeilen Sie sich. Denn Sie haben nicht ewig Zeit. Spätestens wenn Ihre Kinder in die Pubertät kommen, ist es vorbei mit dem fidelen Verspießern. Dann müssen Sie den Spieß noch mal umdrehen. Und wieder cool werden. Oder zumindest so tun als ob! Und das, so habe ich mir sagen lassen, ist eine ziemlich ernste Angelegenheit.

Übers Fördern und seine Randgebiete

Förderkurse können Kinder schlau machen. Müttern machen sie vor allem Stress, hat Anke Willers festgestellt. Und fragt sich, wie man mit diesen Kursverlusten am besten umgeht.

Eigentlich mag ich sie nicht besonders, die Sätze, die mit früher anfangen: »Früher gab es noch Zucht und Ordnung«, »Früher gab es noch richtige Winter«, »Früh(er) übt sich, wer ein Meister werden will«. Sätze mit früher geben mir das Gefühl, ich sei zu spät dran. Mit dem Leben und überhaupt. Nur ein Früher-Satz hat es mir angetan: »Früher liefen die Kinder nebenher.« Ich stelle mir das toll vor: Ich habe Kinder und muss gar nichts tun. Sie werden einfach groß und schlau. Und hinterher klopfen mir alle auf die Schulter und sagen: »Hast du prima gemacht.« Und ich sage: »Ach was, das ging ganz nebenbei!«

Heute ist das ja anders: Wer heute eine gute Mutter oder ein guter Vater sein will, muss seine Kinder fördern. Und dazu braucht man Kurse.

Auch meine Kinder haben ihre Kurskarriere früh begonnen: Clara stand zum ersten Mal als Hexe Amalia Blitz auf der Bühne eines schmucklosen Mietergemeinschaftsraums und hatte ihren Zauberspruch fürs Donnergrollen vergessen. Sie sagte 33 Minuten lang nichts. Danach wollte sie nie wieder Theater machen.

Jette besuchte ihren ersten Kurs auf 1800 Metern Höhe. Sie war dreidreiviertel und sollte für 123 Euro Skifahren lernen.

Am ersten Tag schrie sie, weil ihr kalt war und Toni, der dolomitische Skilehrer, »kalt« mit »caldo«, dem italienischen Wort für »warm«, verwechselte und nicht verstand, wo das Problem war. Am zweiten Tag schrie sie, weil sie 43-mal mit ihren Kinderskiern ein nicht laufendes Förderband hochmarschieren sollte. Und das vor allem die Langeweile und den Frust förderte. Und am dritten Tag schrie sie beim Frühstück, dass sie gar nicht Skifahren lernen wollte.

An dieser Stelle könnte man nun diskutieren, wie förderlich Frühförderkurse tatsächlich für die Entwicklung von Kindern sind. Ich möchte hier aber eine ganz andere Frage stellen: Wie wirken sich Kurse, die die Entwicklung von Kindern fördern sollen, eigentlich auf die dazugehörigen Erziehungsberechtigten aus? Ich behaupte: Förderkurse sind für uns Eltern eine extreme Herausförderung. Denn wir zahlen Hunderte von Euros für Kurse und Sprit und schlagen dann in chlorwabernden Hallenbädern und vor Musikschultüren die Zeit tot, bis die Kinder fertig gefördert sind.

Wie übersteht man das alles, ohne arm, atemlos und übellaunig zu werden? Ganz einfach: Man macht einen Kurs. Dieser hier heißt »Fördern ohne Frust«. Eignet sich für Anfänger und Fortgeschrittene und geht ganz schnell. Versprochen!

Erste Kurseinheit: Reden Sie Ihrem Gewissen ins Gewissen!
Mütterliche Gewissen sind merkwürdige Erscheinungen: Sie sind nicht nur sehr empfindlich, nein, sie mischen sich ständig ungefragt ein. Sie sagen: »Du machst nicht genug. Du strengst dich nicht richtig an. Du bist zu egoistisch.« Ich jedenfalls habe ein gespaltenes Verhältnis zu meinem Gewissen. Und manchmal denke ich: Ich habe dieses Gewissen einfach nicht gut erzogen. Neulich zum Beispiel warf es mir vor: »Alle Kinder können Rad schlagen, nur deine Kinder können es nicht. Du musst sie mehr fördern. Los, melde Clara in einem Turnverein an!«

Ich dachte: Du blödes Gewissen. Was willst du eigentlich? Jette ist in der musikalischen Frühförderung. Und im Kindergarten lernt sie mit der peruanischen Erzieherin Spanisch. Clara ist im Chor, kann schwimmen und Einrad fahren. Ich gurke dreimal die Woche in der Gegend rum. Das reicht ja wohl.

»Nö«, sagte mein Gewissen, »andere Mütter, die nicht berufstätig sind, machen da viel mehr.« Und dann beschwerte es sich, dass ich mit den Kindern nie beim Babyschwimmen war, nicht im PEKiP-Kurs und auch nicht im Klavierunterricht – weil ich nur eine platzsparende Flöte kaufen wollte. Es motzte, dass ich Jette nicht zum Reiten brachte, weil es mir zu stressig war, jeden Montag aufs Land zu fahren und bei der Rückkehr im Feierabendstau zu stehen. »So«, sagte ich schließlich, »und jetzt sag ich dir mal was: In Zukunft mache ich die Ansagen! Und du redest nur, wenn du gefragt wirst. Verstanden?« Mein Gewissen schwieg beleidigt. Aber zum Glück geht der Kurs ja weiter:

Zweite Einheit: Machen Sie Kursgewinne – von zu Hause aus!
Ich behaupte ja, das ganze Leben ist ein Förderkurs. Und der Alltag mit Kindern sowieso. Die meisten Gewissen wissen das bloß nicht. Man sollte es ihnen erklären. Nehmen wir zum Beispiel das tägliche Zimmeraufräumen. Die bloße Aufforderung »Räumt euren Plunder weg« fördert meine Kinder kolossal. Denn sie lernen zu diskutieren und zu argumentieren. Gutes Diskutieren wird damit belohnt, dass sich der Zeitpunkt, an dem der Plunder weggeräumt wird, nach hinten verschiebt.

Oder Einkaufen: Ich meine, wenn ich meine Kinder zum Einkaufen schicke, beglücke ich sie mit einer sehr komplexen Fördermaßnahme. Erstens müssen sie sich trauen, allein zum Laden zu gehen (fördert das Selbstbewusstsein). Dann müssen sie sich merken, was sie einkaufen sollen (fördert die Konzentration). Oder eine Einkaufsliste machen. Die kann man malen (fördert die Kreativität) oder schreiben (fördert die Rechtschreibung).

Finden meine Mädchen im Laden nicht die Filtertüten Nummer vier, müssen sie den Franz an der Kasse fragen (fördert die

Selbstständigkeit). Und schließlich müssen sie bezahlen und ausrechnen, wie viele Tüten Brausepulver sie für das Wechselgeld kriegen, von dem ich gesagt habe, dass sie es behalten dürfen (fördert das mathematische Verständnis).

Diese Beispiele sollten ausreichen, um ein Muttergewissen zu besänftigen. Ihres nicht? Dann erzählen Sie ihm dies: Wir kriegen neuerdings sogar den Vorbereitungskurs für ein Leben in der globalisierten Welt am Küchentisch: Seit Clara und Jette in unserer Besteckschublade Essstäbchen entdeckt haben, essen sie auch den Allgäuer Bio-Joghurt auf »Schienesisch«. Ich finde das einerseits lästig, denn meine globalen Mädels dinieren mehr unter als auf dem Tisch. Auf der anderen Seite: Die Stäbchen fördern die Feinmotorik und das Verständnis für andere Kulturen.

Dritte Kurseinheit: Erforschen Sie die Randgebiete!
Eines ist klar: Auch mit gut erzogenem Gewissen kommt man nicht umhin, ab und zu mit den Kindern einen Förderkurs zu belegen. Ich jedenfalls habe mich mit meinem Gewissen geeinigt, dass es zuverlässiger ist, wenn ein Schwimmlehrer meinen Kindern zeigt, wie man das Ertrinken in Teichen verhindert, als wenn ich das tue. Auch die Singlust meiner Töchter müssen andere befriedigen. »Drunt in der greana Au steht a Birnbaum schee blau, juchhee!« kommt mir nicht über die Lippen.

Wenn man seine Kinder zu Förderkursen begleitet, hat man zwei Möglichkeiten: Man kann sie filmen, anfeuern und bewundern. Ich finde allerdings die Randgebiete der Förderkurse interessanter. Dort kann man nämlich Mütter und (vereinzelt) Väter beobachten, die ihre Kinder anfeuern, filmen und bewundern – und die dem Schwimmlehrer sagen, dass man Schwimmen doch ganz anders lernt. Das hat Unterhaltungswert.

Man kann auch den Schwimmlehrer beobachten – und bewundern. Unser Schwimmlehrer zum Beispiel hieß Anton und war ein Phänomen. Er stand fünf Stunden lang in einem zwei mal drei Meter großen Schwimmbecken und bekam keine Schwimmhäute zwischen den Fingern. Im Gegenteil: Er sah unverschämt gut aus, und obwohl er alle halbe Stunde eine neue Gruppe mit hundepaddelnden Vierjährigen empfing, konnte er sich alle Namen merken.

Wenn der Förderkurs mindestens eine Stunde dauert, kann man einen kleinen Ausflug unternehmen. Ich habe so neue Stadtviertel kennengelernt. Und den einen oder anderen Spontankauf getätigt. Diese Randgebiete waren zwar kostspielig (wenn es sich bei den Spontankäufen nicht um Cappuccino, sondern um todschicke, cognacbraune Winterstiefel handelte), aber sie machten, dass ich mich gleich viel besser fühlte.

Die tollsten Randgebiete entdeckte ich aber 1997 als kinderloser Single in einem Sprachkurs. Erst verliebte ich mich ein bisschen in den Italienischlehrer (kleines Randgebiet). Und dann richtig in einen Kursteilnehmer (großes Randgebiet). Der war aus Franken und hieß Jochen. Im Rückblick würde ich sagen: Dieser Förderkurs hatte mit Abstand das beste Preis-Leistungs-Verhältnis: Für läppische 82 Mark bekam ich den italienischen Grundwortschatz, einen Mann, zwei Kinder und: amore!

Und was machen wir morgen?
(Teil 2)

Für Menschen mit kleinen Kindern ist die Zukunft voller Überraschungen. Mein Orakel behauptet: Alles wird gut! Schauen wir mal!

2013! Seit die Politiker die Familien entdeckt haben, hört man sie immer wieder, diese Zahl: 2013 haben wir genug Betreuungsplätze für unsere Kinder, auch für die kleinen. Und ja, 2013 haben wir Eltern sogar einen Rechtsanspruch darauf. Das habe ich gerade kürzlich wieder im Radio von einem Politiker der Großen Koalition gehört: 2013 wird alles gut!

2013? Da brauche ich keine Krippenplätze mehr, sondern angesichts zweier pubertierender Töchter vermutlich eher psychologische Beratung, dachte ich, während der Politiker im Radio weiter optimistisch ins Mikro redete. Und dabei wurde mir klar: Nicht nur die Große Koalition hat Vorstellungen von der Zukunft, sondern auch Eltern.

Seit ich Kinder habe, mache ich mir jedenfalls viel mehr Gedanken über das, was mal sein könnte. Die Zukunft, auch die fernere, wird nämlich irgendwann die Gegenwart meiner Töchter sein. Und weil ich möchte, dass die Kinder es später schön haben in ihrer Gegenwart, trenne ich jetzt schon mal den Müll. Ich fummle Papierbanderolen von Bio-Joghurtbechern, kaufe Bananen mit Fairhandel-Label und mache kaum noch Fernreisen.

Das ist eigentlich ziemlich erstaunlich, denn als ich geboren wurde, haben die Leute auch schon in die Zukunft geschaut. Sie haben gedacht, dass ihre Kinder im Jahr 2000 in Kolonien auf dem Mars landen und mit atombetriebenen Rasenmähern ihre Vorgärten pflegen. Daran sieht man: Visionen sind nicht unbedingt besonders zuverlässig. Aber sie helfen einem, sich gegen die Unwägbarkeiten, die so ein Leben mit Kindern mit sich bringt, zu wappnen. Ich jedenfalls habe jetzt extra für Sie mein persönliches Orakel befragt. Es hat gesprochen. Und zwar so:

Morgen
Für Jette ist das Wort »morgen« eine komplizierte Sache. Es ist nämlich ein sehr relativer Begriff. Morgen kann Weihnachten sein, aber auch Kindergeburtstag oder Regenwetter. Jette hat deshalb beschlossen: Morgen ist, wenn wir Cornflakes essen.

Für mein Orakel hingegen ist morgen in der nahen Zukunft und deshalb eine ziemlich berechenbare Sache. Morgen, sagt mein Orakel, ist wieder mal Samstag. Und deshalb wird morgen einer von den lässigen Tagen. Gegen sieben werden unsere Kinder mit Karacho in unser Bett springen. Wir werden irgendwas von »Wochenende« knurren und »weiterschlafen«. Aber es wird nichts nützen. Deshalb werden wir morgen wie jeden Samstag gegen sieben die Kaffeemaschine anschmeißen und die Samstagszeitung von der Fußmatte nehmen.

Wir werden lesen, dass sie sich in der Regierung immer noch über die Finanzierung der Krippenplätze streiten und dass sie sich außerdem ganz plötzlich fragen, wo eigentlich die vielen zusätzlichen Erzieherinnen herkommen sollen, die 2013 unsere vielen zusätzlichen Krippenkinder hüten und bilden können.

Gegen Mittag werden wir dann beschließen, dass wir rausfahren an den Ammersee. Denn der Wetterbericht hat klimagewandeltes, viel zu warmes Frühlingswetter versprochen. Also packen wir alles in unsere Familienkutsche. Wahrscheinlich werden wir spätestens zwischen Germering und Oberpfaffenhofen merken, dass Jette ihren Badeanzug mit Beinen nicht dabeihat. Jochen und ich werden sagen, dass es sowieso noch zu kalt ist zum Baden und dass das mit dem Badeanzug deshalb nicht so schlimm ist. Jette wird anderer Meinung sein. Doch weil es von Germering bis München 20 Minuten sind, werden wir uns weigern zurückzufahren. Und sie stattdessen mit Gummibärchen bestechen.

Clara dagegen wird morgen am Ammersee sitzen und verzweifelt sein. Sie hat nämlich ein Gedicht aufbekommen, das sie am Montag in der Schule aufsagen muss. Das Gedicht geht so: »Ich kannte mal eine Annett. Die sprang vom Dreimeterbrett. Die hat sich alles getraut. Der hat vor gar nichts gegraut. Außer vor Pudding mit Haut.« Clara wird am Ammersee sitzen und verzweifelt sein. Denn sie wird immer den Anfang der dritten Zeile vergessen. Wir werden auch sie deswegen mit Gummibärchen aufheitern müssen.

Am Ende werden wir alle am Ammersee-Ufer sitzen und den Sonnenuntergang anschauen. Wir werden ein Papierschiffchen auf die Reise schicken. Und dann werden wir Pläne machen für den nächsten Tag, an dem morgen schon wieder gestern sein wird.

In sechs Jahren: Sommer 2015

Auch im Sommer 2015 wird es noch Samstage geben. Das behauptet jedenfalls mein Orakel. Allerdings werden wir an diesen Samstagen nicht mehr von unseren Kindern geweckt. Jetzt ist es andersrum: Gegen neun, halb zehn versuchen wir, unsere Kinder zu wecken. Sie werden irgendwas von »Wochenende« knurren und »weiterschlafen«. Um diese Zeit haben wir längst die Zeitung von der Fußmatte geholt. Wir haben gelesen, dass jetzt im August fast nichts mehr von den Alpengletschern übrig ist. Und dass Umweltschützer das bisschen Restschnee regelmäßig in Folie packen, damit es nicht auch noch dem Klimawandel zum Opfer fällt.

Auf Seite drei der gleichen Zeitung steht ein Interview mit einem Forscher, der einen Impfstoff gegen Alzheimer entwickelt hat und sagt, das sei der Durchbruch für alle, die jetzt über 50 sind. Jochen und ich werden betreten feststellen, dass wir inzwischen dazugehören.

Dann werden wir überlegen, ob wir an den Ammersee fahren. Clara wird nicht mitwollen. Sie wird sagen, dass sie noch Medienkunde lernen muss. Das ist ein neues Pflichtfach in der Schule, in dem unsere Kinder nicht nur die gängigen Software-programme beigebracht kriegen. Sondern auch ihre Schulbücher auf dem PC selbst gestalten: Sie nennen das »Books on demand«.

Auch Jette fährt im Sommer 2015 nicht mit zum Ammersee. Sie sagt, dass sie shoppen gehen will mit ihren Freundinnen. Jette geht im August 2015 sehr gerne shoppen. Sie kauft in Läden ein, die »Tootsie« heißen und »X & Y«. Clara hat auch in diesen Läden eingekauft, als sie zwölf war – aber jetzt ist sie 15 und sagt, »Tootsie« und »X & Y« seien anfängercool.

Jochen und ich fahren also an diesem Sommersamstag im Jahr 2015 allein an den Ammersee. Wir haben jetzt eine umwelt-freundliche Familienkutsche, die nicht mehr als drei Liter Sprit braucht und bloß 30 g CO_2 pro Kilometer ausstößt. Sie ist eis-blau. Eisblau ist im Sommer 2015 die absolute Modefarbe.

Der Ammersee ist ziemlich warm. An seinem Ufer blühen Orchideeen, die es vor sechs Jahren nur in der Toskana gab. Genauso wie die Sandmücken, die uns piesacken. Wir sehen auch jede Menge bunte Bienenfresser, eine Vogelart, die aus Asien und Afrika gekommen und bei uns jetzt eine richtige Plage geworden ist.

In 16 Jahren: Sommer 2025

Auch 2025 gibt es noch Samstage. Aber die sind ganz anders als die im Frühling 2009. Nun nämlich weckt keiner keinen mehr: Unsere Mädels sind ausgezogen. Und Jochen und ich haben Anflüge präseniler Bettflucht und wachen von allein auf.

In der Zeitung vom Sommer 2025 steht, dass die Bundesregierung jetzt immer mehr Strom aus Afrika bezieht. Dort haben sie nämlich einen Haufen Solaranlagen gebaut. Und erzeugen mit über 4300 Jahres-Sonnenstunden jede Menge umweltfreundliche Energie. »Vielleicht wird es ja doch noch was mit dem Atomausstieg«, werde ich zu Jochen sagen. Und der wird mich darauf hinweisen, dass Block II in Neckarwestheim schon vor vier Jahren vom Netz hätte gehen sollen ...

In der Zeitung steht auch, dass sie in China noch massivere Probleme mit qualifizierten Arbeitskräften haben als bei uns. Und dass sie jetzt Fachkräfte aus Europa anwerben. Sie bieten ihnen 1-a-Gehälter und schenken ihnen nette Häuschen.

»Lass das bloß nicht Jette hören«, sagt Jochen, als er das liest. »Die geht glatt da hin, und dann sehen wir sie gar nicht mehr.«

»Ach was«, werde ich sagen, »Jette macht doch nie das, was wir denken. Als sie klein war, dachten wir immer, sie wird mal Stuntfrau beim Film – weil sie immer so wild und waghalsig war. In der Schule dachten wir, sie wird gar nichts, weil sie nicht lernen wollte. Dann kam ihre wilde Zeit als Globalisierungsgegnerin. Und guck mal, jetzt macht sie eine supersolide Lehre als Dessertköchin in einem Südtiroler Wellnesshotel.«

Gegen zwölf Uhr brechen wir zum Ammersee auf. Es ist vergleichsweise kühl an diesem Tag, bloß 31 Grad. Als wir bei Germering im Stau mit einem Haufen Hybridautos stehen, klingelt mein Handy. Clara ist dran. Sie sagt, ihr Freund sei gerade mal wieder für ein Projekt im Ausland. Und dass sie sich mit uns verabreden will. Ich sage: »14 Uhr an unserer alten Stelle?«

Und so werde ich mit meiner erwachsenen Tochter am Ufer des Sees sitzen, der 16 Jahre zuvor noch fast doppelt so groß war. Wir werden die Füße ins Wasser halten. Und Clara wird mir erzählen, dass sie eigentlich bald ein Kind will. Sie wird mich fragen, warum wir uns so lange Zeit gelassen haben mit dem Kinderkriegen. Und ich werde ihr von den Krippenplätzen erzählen, die es nicht gab. Von den Kindergärten, die mittags zumachten. Von den Müttern, die Rabenmütter genannt wurden, wenn sie in ihrem Beruf arbeiten wollten. Und von einer beherzten Familienministerin, die das alles ändern wollte. Ich werde mir vorkommen wie eine Märchentante, und Clara wird fragen: »Wie lange ist das her, Mama, ein halbes Jahrhundert?«

»Nein«, werde ich sagen, »das war, als ihr klein wart – also gerade gestern.« Und dann werde ich ein bisschen sehnsüchtig sein. Und an alte Zeiten denken. An Samstage, die zu früh begannen. An Badeanzüge, die Beine haben mussten. An Gummibärchen-Bestechungen und an ein Morgen, das inzwischen längst Vergangenheit ist. Obwohl wir auch im Sommer 2025 immer noch gern Cornflakes essen werden. Behauptet jedenfalls mein Orakel.

Anhang Literatur

1) Rotraut Susanne Berner: Das Päckchen, Pixi-Buch Nr. 997, Carlsen, Hamburg 1999
2) Faustin Charles/ Michael Terry: Das sehr unfreundliche Krokodil, Bloomsbury, Berlin 1999
3) Maurice Sendak: Wo die wilden Kerle wohnen, Diogenes, Zürich 1992
4) Doris Dörrie: Lotte will Prinzessin sein, Ravensburger (leider vergriffen), gibt's aber auch als ELTERN-Hörbuch, Random House, München 2005
5) Judy Dunn/ Robert Plomin: Warum Geschwister so verschieden sind, Klett-Cotta, Stuttgart 1996
6) Daniele Winterhager: Jesus ist geboren, ars edition, München 2000
7) Magazin der Süddeutschen Zeitung, Nr. 51/2005
8) Werner Haftmann: Emil Nolde – ungemalte Bilder, DuMont, Köln 2002
9) Wir feiern Kindergeburtstag und andere Kinderfeste, Goldenes Schneiderbuch, nur noch antiquarisch
10) Sandra Blum: Tolle Kinderpartys, Frech-Verlag, Stuttgart 2005
11) Oliver Wenniges, Prinzessin Horst, Pixi-Buch Nr. 984, Carlsen, Hamburg 2007
12) Lynn Munsinger/ Helen Lester: Kuschel das Stachelschwein, Lentz, München 2002
13) Wolf Erlbruch: Frau Meier, die Amsel, Peter Hammer Verlag, Wuppertal 1999
14) Karla Kuskin: Das Orchester zieht sich an, Hanser, München 2002
15) Caroline Heens: Mein Hund Oskar, Hanser (leider vergriffen), München 2002
16) Heinz Jarisch/ Helga Bansch: Es gibt so Tage, Jungbrunnen, Wien 2001
17) Gisela Krahl: Das Schlampenkochbuch, Rowohlt, Reinbek 2000
18) Michael Ende: Das Traumfresserchen, Thienemann, Stuttgart 1978
19) Doris Dörrie: Lotte und die Monster, Ravensburger (leider vergriffen), gibt's aber auch als ELTERN-Hörbuch, siehe 4)
20) Iris Radisch: Schule der Frauen, DVA, München 2007
21) Cordula Nussbaum: Familien-Alltag sicher im Griff, Gräfe & Unzer, München 2004

Kinder fragen, Nobel-
preisträger antworten

»Dieses Buch ist eine Offenbarung für Eltern und Kinder.«
Rheinischer Merkur

*»Ein wunderbares Buch, das komplexe Fragen bezaubernd
einfach beantwortet.«* **Brigitte**

*»Eine vergnügliche, lehrreiche Anthologie von
Nobel-Antworten.«* **Frankfurter Allgemeine Zeitung**

*»Interessant-kuriose Fragen aus Kindermund – kompetent
beantwortet.«* **Focus**

978-3-453-60022-5

Bettina Stiekel (Hrsg.)
*Kinder fragen, Nobel-
preisträger antworten*
Mit einem Vorwort von
Axel Hacke
978-3-453-60022-5

HEYNE‹